I0448023

نوشتاری درباره اعتراضات مدنی

از

نافرمانی مدنی

تا

بدفرمانی مدنی

عمار ملکی

از نافرمانی مدنی تا بدفرمانی مدنی

- گردآوری، ترجمه و تالیف: عمار ملکی
- چاپ مقدماتی: ۱۳۸۷ (تعداد محدود)
- چاپ اول: دی ۱۳۹۳ (ژانویه ۲۰۱۵)
- شابک: 978-1-5027-2655-1
- فروش: از طریق سایت اینترنتی آمازون **amazon.com**
- انتشارات: نشر نگران

نشر نگران

تقدیم به

مبارزان راه آزادی و آبادی ایران

و به یاد هدی صابر، چریک مدنی

از خوانندگان محترم سپاسگزار خواهم بود که نظرات، انتقادات و پیشنهادات خود را درباره این نوشتار به آدرس پست الکترونیکی <u>ammarmaleki@yahoo.com</u> ارسال نمایند تا نویسنده از آنها بهره‌مند شده و موجب غنی‌تر شدن بحث در آینده گردد.

فهرست

مقدمه چاپ اول

یورگن هابرماس می‌گوید که تحمل نافرمانی مدنی، سنگ محک حکومت‌های دموکراتیک است و من از او الهام می‌گیرم و می‌گویم که اجازه انتشار کتابی درباره نافرمانی مدنی و روش‌های اعتراض مدنی سنگ محک به رسمیت شناختن حق اعتراض مردم در یک حکومت است.

نوشتار حاضر محصول پژوهشی است که هدف اصلی‌اش توضیح و تفسیر ایده جدید «بدفرمانی مدنی» بود. نظریه بدفرمانی مدنی حاصل مشاهده رفتار اعتراضی ویژه‌ای بود که نویسنده آن را در متن زندگی روزانه ایرانیان می‌دید. برای شناخت این سبک از اعتراض و فهم تمایز آن با دیگر انواع اعتراضات مدنی و بویژه معروف‌ترین آن ـ نافرمانی مدنی ـ سعی کردم تا در حد توان و بطور خلاصه، نظرات مختلف صاحب نظران و کنشگران سرشناس مبارزات مدنی در جهان را جمع آوری کرده و به مقایسه آنها بپردازم.

تلاش برای یافتن منابع مختلف، جمع‌آوری مطالب و ترجمه متون از نوروز ۱۳۸۴ آغاز شد. این پژوهش با دو محدودیت مواجه بود: یک اینکه وقت و انرژی محدودی را می‌توانستم به آن اختصاص دهم چرا که این پژوهش برای من بعنوان یک فعالیت جانبی در کنار زندگی و شغل اصلی ام بود. مشکل دیگر که محدودیت بیشتری ایجاد می‌کرد، عدم دسترسی به منابع و مراجع ـ فارسی و انگلیسی ـ بود. بعضی کتاب‌های فارسی را تنها در یکی از کتابخانه‌های دانشگاه‌های تهران یا شهرستان‌ها می‌یافتم که برای امانت گرفتن و یا تهیه کپی از آن نیاز به همکاری کسی بود که به آنها دسترسی داشته باشد. یافتن کتاب‌ها یا مقالات انگلیسی هم در ایران کار آسانی نبود و در مواردی اصلا امکان نداشت. اگر لطف بعضی از دوستان در تهیه مقالات و خرید کتاب از خارج کشور و ارسال آنها نبود شاید این کار ضعف‌هایی بیشتر از آنچه دارد می‌داشت.

هدف من از این پژوهش تهیه اثری بود که نه تنها بنیان‌های مقبول نظری و علمی را داشته باشد بلکه با ذکر مثال‌های عینی و موردی، هم برای خوانندگان عمومی و هم برای کنشگران و محققان قابل استفاده باشد. از این رو

تلاش کردم تا هم به مبانی نظری انواع اعتراضات مدنی توجه شود و هم با بیان تجربیات مبارزان سرشناس و ذکر مثال‌هایی از روشهای مختلف اعتراض مدنی، این مفاهیم قابل لمس و درک شود. اینکه این نوشتار تا چه میزان در رسیدن به این دو هدف موفق بوده را خوانندگان باید داوری کنند.

جمع آوری این مجموعه در تابستان سال ۱۳۸۷ به سرانجام رسید. در بهار همان سال موفق به اخذ بورسیه برای تحصیل در رشته سیاست‌گزاری عمومی در دانشگاه دلفت هلند شدم و در نتیجه تصمیم گرفتم که کار بر روی این کتاب را با سرعت بیشتری انجام دهم تا بتوانم پیش از خروج از ایران، کتاب را برای نظرخواهی به تعدادی از صاحب‌نظران و کنشگران داده تا از نظرات تکمیلی و تصحیحی ایشان مطلع شوم.

مایه افتخار همیشگی من است که تعدادی از صاحب‌نظران و شخصیت‌های گرانقدر محبت کردند و بزرگوارانه این کتاب را در زمان محدودی که وجود داشت خواندند و با ذکر نکات و نظرات خود مرا راهنمایی نمودند. یادآوری اسامی بسیاری از آن عزیزان و ظلمی که بر آنها در این سالها رفته، دیده را تر می‌سازد. در میان آنها که با دقت ویژه‌ای کتاب را مطالعه کردند و در جلسات حضوری نظرات خود را به طور مکتوب یا شفاهی در اختیارم گذاشتند، یاد پهلوان شهید هدی صابر هرگز از خاطرم نخواهد رفت. مرحوم صابر با دقتی کم‌نظیر نکات و مثال‌های تاریخی در چرایی بکارگیری بدفرمانی مدنی توسط ایرانیان را برایم بیان می‌کرد و مثال استفاده مخفیانه از ویدیوی خانگی در سالهای ممنوعیت آن در دهه شصت را بعنوان یکی دیگر از نمونه های اعتراض مدنی ایرانیان یادآور شد. او با نظر لطفش به این کتاب، اصرار داشت که کار نباید به اینجا ختم شود و این شاگرد کوچک خود را به انجام پژوهشهای بیشتری درباره علل تاریخی، فرهنگی و اجتماعی رفتار اعتراضی ایرانیان تشویق می‌کرد. امید که همواره منش و آموزه‌های این معلم جوانمرد که من نام «چریک مدنی» را شایسته او می‌دانم راهنمایمان باشد. روحش شاد و یادش گرامی.

دکتر احمد زیدآبادی یکی دیگر از بزرگوارانی است که زحمت مطالعه این کتاب را قبول کرد و مرا مورد محبت قرار داد. او را که به حق «شرف اهل قلم» می‌خوانند، نکات ظریفی را درباره بخشهای مختلف کتاب یادآور گردید. قلم شیوا و تحلیل‌های ظریف دکتر زیدآبادی شهره عام و خاص است و دریغ که این انسان گرانقدر از خرداد ۱۳۸۸ تا زمان نگارش این سطور، به جرم آزادی-خواهی و ایستادگی مدنی، ظالمانه گرفتار زندان بوده است.

نظرات و نکات دقیق رضا علیجانی، تحلیل‌گر و مبارز سرشناس ملی ـ مذهبی، برایم بسیار آموزنده بود. هم‌سخنی و بحث درباره کتاب و تشویق و محبت ایشان افتخاری ماندگار برای من خواهد بود. یکی دیگر از عزیزانی که با مطالعه کتاب، نظرات و دیدگاه‌های انتقادی خود را بزرگوارانه در اختیارم گذاشت، دکتر مسعود پدرام، پژوهشگر علوم سیاسی، بود. ایشان هم متاسفانه بدلیل دیدگاه‌های انتقادی خود از پاییز سال ۹۰ تا زمان نگارش این سطور گرفتار زندان بوده است.

و نهایتا این اثر از نظرات و تصحیحات استاد و پدر عزیزم، دکتر محمد ملکی، بهره برده است. او که بیش از شصت سال مبارزه مدنی را زندگی کرده است، نقشی الهام‌بخش در پیدایش این اثر داشت. او یک آرمان‌خواه عملگرا بوده که اعتراض مدنی و کنشگری فعال، بخشی از شیوه زندگی‌اش شده است. ایستادگی مدنی او در سالهای مبارزه یقینا بدون همراهی و صبوری مادرم امکان پذیر نبود؛ شیرزنی که خود در زندگی‌اش نمونه‌ای از مقاومت مدنی در برابر ظلم هایی بود که از طرف حاکمان مستبد بر خانواده وارد می‌شد.

همچنین باید از دیگر بزرگانی یاد کنم که نسخه صحافی شده کتاب را خواندند و نسبت به آن ابراز لطف داشتند. آخرین دیدار حضوری که با مرحوم مهندس عزت الله سحابی داشتم، در حسینیه ارشاد و در حاشیه جلسات تاریخ معاصر مرحوم هدی صابر در دی ماه سال ۸۷ بود. در آن دیدار کوتاه ایشان از مطالعه کتاب گفتند و بنده را مورد لطف خود قرار دادند. یاد مهندس عزیز و خلوص و دردمندی‌اش همواره در خاطره خواهد ماند. از سرکار خانم دکتر شیرین عبادی، برنده جایزه صلح نوبل، نیز بخاطر محبتی که نسبت به کتاب و

نویسنده داشتند صمیمانه قدردانی می‌کنم. مایه افتخار من است که خانم نسرین ستوده که به حق یکی از نمادهای مبارزه مدنی در ایران امروز است، علیرغم تمامی گرفتاری‌ها و محدودیت‌ها، بنده را مورد محبت قرار دادند و پس از مطالعه کتاب آن‌را درخور توصیه به دیگران دانستند.

بسیاری دیگر از دوستان و عزیزان به شکل های مختلف، با راهنمایی، تهیه منابع، ویراستاری، طراحی گرافیکی و کمک در انتشار نسخه های محدود صحافی شده مرا یاری کردند که متاسفانه نمی‌توانم از تک تک ایشان نام ببرم. از تمامی آن عزیزان صمیمانه و خاضعانه تشکر می‌کنم. و در نهایت، صبوری، مهربانی و تشویق های همسرم، دکتر سپیده قدرت، نقش مهمی در پیدایش این اثر داشت و از او برای همراهی اش صمیمانه سپاسگزارم.

متاسفانه این کتاب بدلیل محدودیت‌های حوزه نشر و نبود آزادی بیان امکان انتشار در ایران را نیافت. از این رو نسخه‌ی اولیه این کتاب بصورت مجموعه مقالاتی در چهارده شماره از آبان تا اسفند ۸۷ در اینترنت منتشر گردید و خوشبختانه مورد استقبال و توجه علاقمندان قرار گرفت. چند ماه بعد از انتشار این نوشتار، حوادث پس از انتخابات خرداد ۸۸ شکل گرفت و جامعه ایران یکی از مهم ترین دوران اعتراضات مدنی پس از انقلاب ۵۷ را در «جنبش سبز» تجربه کرد. برای اولین بار در این دوران، مبارزات مدنی و روشهای مختلف اعتراض مدنی در عمل تجربه شد و مثال‌های متعددی از روشهای گوناگون اعتراضات مدنی ـ از اعتراض قانونی و عدم همکاری تا بدفرمانی مدنی و نافرمانی مدنی ـ در ایران مشاهده گردید. متاسفانه این اعتراضات با سرکوب شدید و خونین توسط حکومت مواجه شد اما گفتمان مبارزات مدنی در ایران فراگیر شد و بیش از پیش مورد توجه قرار گرفت. نظریه بدفرمانی مدنی که بحث مرکزی این نوشتار است، در میان کنشگران و فعالان بطور نظری و عملی مورد توجه قرار گرفت و وارد ادبیات مبارزات مدنی جنبش سبز گردید.

این نوشتار که شاید بتوان آن‌را مقدمه و چکیده ای بر مبحث اعتراضات مدنی دانست اگر قرار بود امروز نوشته شود یقینا می‌توانست با مثال‌های بیشتری که در سالهای اخیر دیده شد تکمیل گردد و حتی بخشهای نظری آن

نیز با دستیابی به منابع بیشتر مورد بازنویسی قرار گیرد و کامل‌تر شود. اما توسعه و تکمیل این بحث نوشتار دیگری را می‌طلبد. در نتیجه تصمیم گرفتم تا این نوشتار را پس از ۵ سال به صورت یک کتاب منتشر کنم تا بتواند به شکل موثرتری در اختیار خوانندگان و صاحبنظران قرار گیرد. یقینا نظرات، انتقادات و پیشنهادات خوانندگان می‌تواند یاری‌گر نویسنده در انتشار کارهای تکمیلی در این زمینه باشد.

در آخر با این امید این مقدمه را به پایان می‌رسانم که روزی شاهد استقرار یک ساختار دموکراتیک در کشورمان باشیم؛ حکومتی که در آن بتوان هم درباره روشهای اعتراض مدنی نوشت و هم اینکه در عمل، اعتراضات مدنی تحمل شود.

دلفت - هلند

دی ۱۳۹۳

دیباچه

آیا در اعتراض به قانون یا رویه‌ای بد، باید آنرا بد اجرا کرد یا آنکه آنرا تغییر داد؟
ما ایرانیان در این‌باره چه می‌کنیم؟

مشاهده نکاتی درباره انواع رفتار اعتراضی ما ایرانیان در برابر قواعد، دستورات، قوانین و سیاستهای نادرستی که در عرصه‌های مختلف با آن مواجه می‌شویم، مرا به بررسی دقیق‌تر این امر تشویق نمود. چه بسیار در محیط کار دیده بودم که کارکنان، مهندسان و مدیران با تصمیمی نادرست و دستوری نابجا و قانونی ناعادلانه مواجه می‌شدند، اما اعتراض و اقدام متناسب و درخوری از خود نشان نمی‌دادند. عده‌ای به راحتی به قواعد ناعادلانه تن می‌دادند و اعتراضی اگر وجود داشت، در دلشان محبوس می‌ماند. برخی به غر و لند، ناسزا دادن پنهانی و اعتراض در محفل دوستان معتمد بسنده کرده و با شعار «اعتراض علنی جز دردسر فایده‌ای ندارد»، با امر نادرست کنار می‌آمدند. کسانی‌که به بیان اعتراض و پیگیری تغییر قواعد ناعادلانه اقدام می‌کردند، بدون اغراق نایاب یا بسیار کمیاب بودند. اما تعداد دیگری از افراد در این شرایط به نحوی خاص در برابر قواعد نادرست عمل می‌کردند؛ بدین ترتیب که این قوانین و دستورات را به شکلی تغیریافته اجرا می‌کردند یا باصطلاح، آنها را دور می‌زدند و کار خود را راه می‌انداختند، اما تلاشی در راه تغییر و اصلاح آنها نمی‌کردند، زیرا که طبیعتا این کار را وظیفه خود نمی‌دانستند و این مساله به آنها ارتباطی نداشت!

این نحوه برخورد، تنها اختصاص به محیط کار نداشت، چرا که با نگاهی دقیق‌تر و عمیق‌تر در عرصه‌های مختلف جامعه و در برابر قوانین، دستورات و سیاستهای نادرست و ناعادلانه‌ای که در تمامی سطوح کشور وجود داشت، همین رویه حاکم بود. نتیجه این روش، سیستم بیمار حاکم بر سیاست، اجتماع، فرهنگ و اقتصاد در کشور ما را رقم زده که تا حد زیادی ناشی از نداشتن عکس‌العمل درخور و عدم مقاومت مدنیِ بجا و مناسب مردم در برابر اقدامات وتصمیمات نادرست مسئولان بوده است.

به‌هرحال، این مشاهدات با بررسی و مطالعه بیشتری همراه گردید و نگارنده را به تامل بیشتر در روشهای اعتراض مسالمت‌آمیز و مدنی به‌منظور

اصلاح قواعد نادرست، ترغیب نمود. این امر با هدف شناخت بهتر شیوه رفتار اعتراضی ما ایرانیان دنبال شد و مشاهده نوع خاصی از نحوه اعتراض و مقاومت در میان ما، من را به نوشتن مقاله‌ای درباره این روش، که تعریف و خصوصیاتی متفاوت از انواع دیگر اعتراضات مدنی داشت، تشویق کرد. رفتاری که نه اطاعت و فرمانبری بود و نه سرپیچی و نافرمانی. اطاعت از قانون بود، اما نه واقعی و باطنی بلکه ظاهری و با دهن کجی! شکلی از اعتراض و سرپیچی بود، اما نه علنی و جسورانه. از این‌رو ایده طرح و بررسی و نامگذاری این رفتار به دغدغه ذهنی نویسنده تبدیل گشت و از آنجا ایده بحث «بدفرمانی» زاده شد.

اما طرح بحث درباره بدفرمانی و ذات این نوع اعتراض، اقتضای این را داشت تا دیگر انواع اعتراضات مدنی و بخصوص مشهورترین آنها، «نافرمانی مدنی»، نیز مورد بررسی قرار گیرد، زیرا «بدفرمانی» ضمن برخورداری از برخی ویژگی‌های مشابه با انواعِ دیگر اعتراضات، تفاوت‌های آشکاری نیز با آنها داشت. در نتیجه احساس نیاز شد که درباره اعتراضات مدنی، جزوه‌ای تهیه گردد که در آن نظرات اندیشمندان و مبارزان برجسته در جهان به طور خلاصه جمع آوری شده و با دسته‌بندی و بررسی خصوصیات هر یک از آنها، شناخت بهتری از انواع مبارزات مسالمت‌آمیز حاصل گردد. از این‌رو تلاش کردم تا در حد توان و دانش خود، این امر را حداقل برای استفاده خویش به انجام رسانم.

این نوشتار که از جمع‌آوری، ترجمه، دسته‌بندی، نظریه‌پردازی و نگارش مطالب گوناگونی تشکیل شده، حاصل اندیشه و تاملات ذهنی کسی است که با نگاه تحلیلی/ مهندسی و با استفاده از روش مشاهده به پدیده‌های اجتماعی و سیاسی می‌نگرد و در زمینه علوم اجتماعی، خود را نیازمند آموزش و راهنمایی استادان این عرصه می‌داند. نویسنده‌ی این نوشتار بعنوان دانشجویی در حوزه علوم سیاسی و اجتماعی، دارای دغدغه‌های بسیاری برای آزادی، عدالت، توسعه، پیشرفت و آبادانی کشورمان ایران و دستیابی به جامعه‌ای انسانی بر مبنای دموکراسی و رعایت حقوق بشر است؛ با این اعتقاد که در راه رسیدن به این آرمان، با غر زدن و سلب مسئولیت از خویش و در انتظار «دستی از غیب برون آید و کاری بکند»، گشایشی حاصل نخواهد شد. باید که از یک سو، روش

درستِ اعتراض کردن و مقاومت مدنی و مسالمت‌آمیز را دانست و از سوی دیگر با شناخت روحیات و روشهای اعتراضی خودمان، نقاط ضعف و توانایی خویش را بازشناسیم.

تهران - ۱۳۸۷

پیش‌گفتار

در جوامع درگیر با خودکامگی، برای رسیدن به دموکراسی به عنوان شیوه مشروع حکومت‌داری و اداره جامعه، از روشهای گوناگونی جهت تحولات سیاسی استفاده شده است.

انواع تحولات سیاسی برحسب سه ملاک طبقه بندی می‌شوند: اول شیوه انجام یا وقوع تحولات برحسب این که مسالمت آمیز یا خشونت بار باشد؛ دوم منشا تحولات برحسب این که ممکن است از بالا یعنی از درون حکومت (به شکل اصلاحات) صورت گیرد یا از پایین یعنی از جانب گروههای خارج از قدرت سیاسی (مردم، کنشگران سیاسی و جنبش های مدنی) انجام پذیرد؛ و سوم برحسب عمق و دامنه‌ی تحولات که ممکن است از سطحی ترین دگرگونی ها در رویه های حکومتی، افراد حاکم و سیاست های دولتی تا عمیق ترین تحولات در قانون اساسی، ایدئولوژی و طبقه حاکم را در برگیرد.[1]

در برخی از حکومت های خودکامه، اگرچه قوانین اساسی و قوانین مدون وجود دارد، لیکن دو عامل باعث ناکارآمدی قانون در استقرار حکومتی عادلانه و مردم‌سالار است. یک عامل، عدم رعایت قانون از طرف قدرت مطلقه حاکم است؛ حتی اگر قوانین موجود عادلانه و دموکراتیک باشند (مانند قوانین مشروطه). اما عامل دوم، ناعادلانه بودن اصل قوانین و سیاستهای جاری است که حقوق ویژه ای را برای یک فرد، طبقه یا گروه خاصی در نظر گرفته و مردم را از داشتن حقوقی برابر با افراد حاکم محروم ساخته است.

جهت ایجاد تغییرات سیاسی توسط مردم و نیروهای بیرون از قدرت حاکم، به منظور ایجاد دگرگونی های محدود یا بنیادین در قوانین و رویه‌های ناعادلانه‌ی حکومت، روشهای مسالمت‌آمیز گوناگونی برای ابراز اعتراض‌های مدنی وجود دارند که می‌توان از **اعتراض قانونی**، **مخالفت وجدانی**، **عدم‌همکاری**، **نافرمانی مدنی**، **وظیفه گریزی** و روشهای دیگری نام برد. این

۱- برگرفته از کتاب «آموزش دانش سیاسی»، حسین بشیریه، صفحه ۱۹۹

روش‌ها، تفاوت‌ها و شباهت‌هایی با یکدیگر دارند و در بسیاری موارد ترکیبی از این روش‌ها در مبارزات مدنی بکار گرفته می‌شود. همچنین بدیهی است بکارگیری هر یک از این روش‌ها به شرایط و ساختار مختلف سیاسی، اجتماعی، اقتصادی و فرهنگی یک جامعه بستگی خواهد داشت و گاه ممکن است که استفاده از یک روش یکسان در جوامع مختلف، شکل و خصوصیات متفاوتی را اقتضا کند.

در این نوشتار ابتدا فشرده ای از مفهوم قانون و انواع آن و مقاومت در برابر قانون نادرست و بحث‌های حقوقی مرتبط با آن ارایه می‌شود. سپس به بحث «نافرمانی مدنی» به عنوان یکی از مشهورترین روش‌های اعتراضی در برابر قوانین و سیاست‌های نادرست و ناعادلانه خواهیم پرداخت و با بررسی نظرات اندیشمندان و کنشگران سیاسی درباره نافرمانی مدنی، نگاه جامع تری به این کنش اعتراضی خواهیم داشت. به دنبال آن، دیگر روش‌های اعتراضی در برابر قوانین ناعادلانه را بررسی کرده و مقایسه مختصری بین هر یک از این روش‌ها و نافرمانی مدنی خواهیم داشت. سپس برای هر یک از روش‌های اعتراض مدنی، به نمونه‌هایی در ایران اشاره می‌کنیم. پس از روشن ساختن انواع اعتراضات مدنی، به معرفی و توضیح روش اعتراضی «بدفرمانی مدنی» و بررسی ویژگی‌ها و تمایزات آن با نافرمانی مدنی پرداخته و این نظریه را مورد ارزیابی قرار داده و با اشاره ای کوتاه به خلقیات، روحیات و رفتارشناسی ایرانیان و ارائه نمونه‌هایی از واکنش اعتراضی آنها در مواجهه با قوانین و سیاست‌هایی که مورد قبولشان نیست، بحث «بدفرمانی» را تکمیل کرده و با بحث درباره امکان توجیه‌پذیری بدفرمانی مدنی و ارایه یک جمع‌بندی، این نوشتار را به پایان می‌رسانیم.

بخش اول
قانون خوب، قانون بد

از آنجا که این نوشتار بر انواع روشهای اعتراض و مقاومت در برابر بعضی قوانین و قواعد تمرکز دارد و از سوی دیگر میدانیم رعایت قانون، خود یک ارزش در جامعه محسوب میشود، ضروری است در ابتدا بخشی به طور فشرده به قانون اختصاص داده شود تا مشخص شود چرا برخی قوانین با رضایت پذیرفته میشوند و بعضی دیگر مورد نارضایتی و اعتراض شهروندان قرار میگیرند. در این بخش با در نظر گرفتن پرسشهایی که غالبا پیش از ابراز اعتراض نسبت به یک قانون، قاعده یا سیاست خاص، به ذهن انسان خطور میکند، برخی متون حقوقی را ورق زده و تلاش میکنیم تا پاسخی برای آنها بیابیم. پرسشهایی مانند اینکه:

- آیا هر دستور، رویه و قانونی که توسط صاحبمنصبان به طور عام و حکومتها به طور خاص وضع میشود، درست و عادلانه است و باید از آنها پیروی نمود؟
- آیا قواعد و قوانینی بنیادین و مرجع وجود دارند که درستی یا نادرستی و عادلانه یا ناعادلانهبودن دیگر قوانین را با آنها بتوان سنجید؟
- اگر بین قانون و قواعد اخلاقی تعارض حاصل شود، کدام یک را باید رعایت کرد و کدام را نادیده گرفت؟
- آیا تشخیص ناعادلانه و نادرستبودن قانون از سوی یک فرد یا گروهی از افراد، نافرمانی و عدماطاعت از آن قانون را مجاز میکند؟

گذری بر مفهوم قانون، قوانین طبیعی و قوانین موضوعه
برای یافتن پاسخ پرسشهای مذکور، پیش از هر چیز باید به مفهوم قانون و انواع آن توجه کنیم. اگرچه تعاریف مختلفی از نظر فلسفی و حقوقی برای قانون وجود دارد، اما تمامی آنها را میتوان در مفهومی جای داد که در آن قانون، عبارتست از قواعدی الزامآور و کلی که رفتار اشخاص را در رابطه با یکدیگر

تنظیم می‌کنند و به منظور ایجاد نظم و استقرار عدالت وضع می‌شوند و به طور همه شمول مورد اجرا گذاشته شده و همراه با ضمانت‌های اجرایی هستند که در جامعه معینی رسمیت داشته باشند.[۱]

در تعاریف علم حقوق، قوانین به دو دسته «قوانین طبیعی» و «قوانین موضوعه» تقسیم می‌شوند. لازم به ذکر است که در بسیاری موارد کلمه «حقوق» در زبان فارسی، علاوه بر معنای جمع کلمه «حق» (Right)، به معنای «قانون» نیز به کار می‌رود و از این‌رو، گاه به جای «قانون طبیعی» از واژه «حقوق طبیعی» و به جای «قانون موضوعه» از «حقوق موضوعه» در نوشته‌های حقوقدانان -که ما نیز در اینجا از آنها بسیار بهره می‌بریم- استفاده شده است.

اما تفاوت قانون طبیعی و قانون موضوعه چیست؟ "متفکران گذشته بر آن باور بوده اند که قانون طبیعی و حقوق مبتنی بر آن، اموری هستند مستقل و قائم بالذات که بشر آنها را به راهنمایی عقل کشف میکند. بر خلاف قوانین موضوعه و حقوق مستند به آنها که استقلالی از خود ندارند و آفریده مقامی به عنوان قانونگذار هستند و از منافع و مصالح دگرگون‌شونده اجتماعات مختلف بشری تبعیت میکنند. قانون طبیعی، چیزی نیست که ما آنرا آفریده باشیم. این قانون، مثل معدن است که در طبیعت موجود است و تنها باید آنرا کشف کرد. این قوانین تابع تصدیق یا تکذیب بشر نیستند. اما قوانین موضوعه، قانونی است که واضع دارد. آن قانون طبیعی را کسی وضع نکرده است و کسی هم نمی‌تواند آنرا ملغی کند. قانون موضوعه چنین نیست. وضع و لغو آن در اختیار قانونگذار قرار دارد و از یک اراده فردی یا گروهی برای تشریع و قانونگذاری حکایت می‌کند."[۲]

۱- برگرفته از کتابهای «در هوای حق و عدالت»، صفحه ۷۱ ؛ «فلسفه حقوق»، صفحه ۵۴۹؛ «قانون، قانون گذاری و آزادی»، صفحه۱۹۱

۲- کتاب «در هوای حق و عدالت»، صفحات ۷۸ و ۷۹

از آنجا که بحث قوانین طبیعی و تاثیر آن بر قوانین معمولی (موضوعه) در بحث نافرمانی از قانون و دیگر مباحث این مقاله تاثیر زیادی دارد، نیاز است تا کمی بیشتر به این مطلب بپردازیم.

بحث بر روی مفهوم قانون طبیعی در دوران‌های مختلف تاریخی بسیار مورد مناقشه بوده است. اگرچه بسیاری از اثبات‌گرایان(پوزیتویست‌ها) که طرفداران مطلق حقوق موضوعه هستند، وجود قوانین طبیعی را امری عبث و فاقد توجیه علمی دانسته‌اند و در قرون متمادی جدل‌های فلسفی و حقوقی در نفی آن داشته‌اند، اما در مقابل آن نیز نظریه قوانین طبیعی طرفداران زیادی داشته است و بحث حقوق طبیعی از بیست و پنج قرن پیش به اشکال مختلف در میان اندیشمندان جریان داشته است. ۱

"عمده اختلاف میان هواداران حقوق طبیعی و اثباتگرایان(پوزیتویست‌ها) این است که گروه اخیر حقوق را چیزی جز یک نظام قانونی وابسته به یک جامعه معین نمی‌دانند و حال آنکه گروه اول، حقوق را به مثابه آرمان مشترک جوامع بشری تلقی می‌کنند.

توماس هابز (۱۵۸۸ـ۱۶۷۹ م) که به لحاظ نظری حقوق طبیعی را قبول دارد، در کتاب لویاتان، نوزده قانون مهم طبیعی را نام برده و شرح کوتاهی در بیان هر یک می‌آورد. به گفته هابز، قانون‌های طبیعی احکام یا قواعد کلی هستند که آدمی را از عمل یا ترک عملی که موجب فنای او میشود و حیات و موجودیت او را به مخاطره می‌اندازد، منع می‌کنند. هابز می‌گوید این قانون‌ها فقط در یک جامعه مدنی معنی پیدا می‌کنند. قانون‌های طبیعی تغییرناپذیر و ابدی هستند زیرا بی‌عدالتی، ناسپاسی، تکبر، تعدی و بی‌انصافی را در هیچ جا و در هیچ زمان نمی‌توان مشروع دانست و عدالت، شکر نعمت، تواضع، انصاف و ترحم در همه‌جا و در هر زمان مطلوب است. بشر این قانون‌ها را به یاری عقل کشف می‌کند. عام‌بودن و سهل‌بودن، دو صفت اصلی قانون‌های طبیعی است و علم به آنها، تنها فلسفه‌ی اخلاق راستین و تنها مبنای متقن برای شناخت و تمیز فضایل از رذایل است.

۱- برگرفته از مرجع پیشین، صفحه ۲۴۵

همین قانونهای طبیعی هستند که پس از تاسیس دولت در جامعه مدنی، جامه عوض می‌کنند و در کسوت قوانین موضوعه در می‌آیند و از ضمانتهای اجرایی برخوردار می‌شوند. پس قانون طبیعی منشا و منبع قانون وضع شده و رسمیت‌یافته از سوی دولت است."[۱]

سیر توجه به قانون طبیعی تا تدوین حقوق بشر

"با رواج بازار پوزیتیویسم بحث قوانین طبیعی تقریبا در سراسر قرن نوزدهم در محاق قرار گرفت. اثباتگرایان(پوزیتیویستها) بر این عقیده بودند که قاعده‌های حقوقی منحصرا توسط دولت می‌تواند مقرر گردد و دولت در تعیین آن قاعده‌ها نیازمند هیچ مرجع بالاتری نیست.

حکومت نازی آلمان و فاشیستها بر برتری حقوق موضوعه تاکید می‌نهادند. برای چنین رژیم‌هایی چه بهتر از این که مردم به چیزی بالاتر از قوانین موجود کشور باور نداشته باشند و تصمیمات و مقررات دولت را بی هیچ چون و چرا بکار بندند.

پرونده‌های قضایی که پس از پایان جنگ دوم جهانی در مراجعی چون دادگاه نورمبرگ و نیز در محاکم داخلی آلمان غربی مطرح شد، انواع و اقسام مظالم و مفاسد شرم‌آور را از دوران حاکمیت نازیها بر ملا ساخت. متهمان برخی از این پرونده‌ها زنانی بودند که در آن دوران بر ضد شوهران خود، به مقامات امنیتی گزارش داده بودند. با علم و اطلاع از عواقب کار خود، آنان را به پای اعدام یا زندان فرستاده بودند. نازیها مردم را تشویق می‌کردند تا هر اقدام یا اظهاری را که موجب تضعیف نظام یا تزلزل روحیه نیروهای مسلح باشد، گزارش دهند. تعدادی از پرونده‌ها هم مربوط به متهمانی بود که در چارچوب قوانین و مقررات آن زمان، مستقیم یا غیرمستقیم، در قتل عام یهودیان و زندانیان سیاسی دست داشتند، مانند ماموران حمل و نقل که در اعزام بازداشت‌شدگان به کوره‌های آدم‌سوزی وظیفه‌ای را که بر عهده آنان محول شده بود، انجام داده بودند. متهمان شماری دیگر از پرونده‌ها از کادر قضایی و

۱- مرجع پیشین، صفحات ۲۴۶ و ۲۴۷

دادرسان دادگاههایی بودند که با شرکت در تصمیم‌گیری‌ها و صدور احکام، وسیله‌ی اجرای مقاصد غیر انسانی نظام نازی شده بودند. در آن دوران، اثبات-گرایی مطلق بر جو قضایی آلمان مسلط بود. می گفتند قانون، قانون است و باید اجرا شود. حتی برخی از حقوقدانان نازی بر آن بودند که اوامر و رهنمودهای پیشوا، فراتر از احکام قانون است و تمام سرمایه دانش و هنر خود را بر آن می-گماشتند که قانون را طوری تفسیر کنند که با آن رهنمودها جور در بیاید. تصمیمات قضایی همه از ایدئولوژی و مصلحت نظام الهام میگرفت و پیشوا مظهر نظام بود و این برداشت به‌ویژه در اواخر دوران تسلط نازی‌ها مفاسد عظیم به بار آورده بود."[۱]

با توجه به آنکه بسیاری از اعمال غیر انسانی افراد به خاطر رعایت قوانین کشور در دوران حکومت نازی‌ها انجام گرفته بود، محاکمات از لحاظ حقوقی بسیار پیچیده به نظر می‌رسید. "چگونه می‌توان کسی را به‌خاطر عملی که قوانین کشور آن را مجاز می‌دانسته است، مجازات کرد؟ راد بروخ که نامدارترین شارحان مکتب فلسفی نسبیت حقوقی به‌شمار می‌آمد و نظر او مبنای کار بسیاری از محاکم آلمان پس از جنگ بود، آن‌گونه قوانین دوران نازی را «قانون بی‌قانون» می‌خواند. قانونی که فاقد هسته عدالت است. آنجا که تجاوز به عدالت به حدی غیر قابل تحمل می‌رسد و قانون بی‌قانونی حکم‌فرما می‌شود، اطاعت از قانون محملی ندارد. ولی مرز میان قانون راستین و قانون بی‌قانون کجاست؟ و چه محک و معیاری برای تشخیص آن می‌توان ارایه کرد؟ این بود نموداری از مسایل و مشکلاتی که زمینه بازگشت و احیای فکر حقوق(قانون) طبیعی را پس از جنگ جهانی دوم فراهم ساخت."[۲]

"نهایتا این فکر منجر به تدوین حقوق بشر گردید که روایتی تازه از حقوق طبیعی بود. امروز مراد از حق طبیعی، حقی است که لازم و ملزوم طبیعت انسانی است. موجودیت و اعتبار حقوق بشر، مدیون خواست و اراده‌ی دولتها نیست. دولتها نه می‌توانند چیزی بر حقوق بشر بیافزایند و نه می‌توانند چیزی

۱- مرجع پیشین، صفحات ۲۶۷ و ۲۶۸

۲- مرجع پیشین، صفحه ۲۶۹

از آن را باطل گردانند. اینطور نیست که اگر قانون اساسی کشوری، مثلا شکنجه یا تبعیض نژادی و قومی را بهرسمیت بشناسد، این امور در آن کشور مجاز گردد. برخلاف قوانین معمولی که تابع اراده و تصمیم دولتهاست و بر خلاف اصول عمومی حقوق که برپایه مشابهت و در قیاس از نظامهای مختلف حقوق خصوصی گرفته میشود، حقوق بشر فرآورده هیچ نظام قضایی نیست، واضع و مقنن هم ندارد و از همین روست که حکم آن، بلاواسطه و یکسان چه در نظامهای مختلف حقوق ملی و چه در نظام حقوق بین المللی، به رسمیت شناخته میشود."۱

مقاومت در برابر قوانین نادرست

"حال با این توضیحات، اگر مبنای قوانین روزمره را قوانین طبیعی و فطری بدانیم، نتیجه ضروری آن مشروع بودن مقاومت در برابر قوانینی است که از مبنای اصلی خود پیروی نکرده است. زیرا اینگونه قوانین هر چند که بهظاهر بر مردم تحمیل شود، وجدان ایشان را پایبند نمیسازد. چنانکه در اعلامیه حقوق بشر (۱۷۸۹) و در مواد ۳۳ و ۳۵ قانون اساسی۱۷۹۳ فرانسه، حق مقاومت و انقلاب یکی از مقدسترین حقوق بشری شناخته شده است.

علمای پیرو این اصل، دربارهی طرز مقاومت افراد اتفاق نظر ندارند و نگرانی از ایجاد آشوب و هرج و مرج، موجب شده است که سه پیشنهاد مختلف در اینباره بشود:

۱- *مقاومت منفی*: پیروان مشروع بودن این مقاومت میگویند که هر کس حق دارد در وجدان خود قوانین را ارزیابی کند و تشخیص دهد به کدام قاعده باید با میل و رضا گردن نهد و کدامیک را فقط در صورت اجبار رعایت کند. راست است که اطاعت از قانون یک وظیفه اجتماعی است، ولی همه حق دارند درباره ارزش واقعی آن فکر کنند و بدون اینکه عملا تعرض نمایند، تا حد امکان، از اجرای قوانین خلاف حقوق بشر سرباز زنند.

۱- مرجع پیشین، صفحه ۴۸۵

۲- *مقاومت دفاعی*: به نظر کسانیکه این طرز مقاومت را مجاز دانسته‌اند، فرد حق دارد از اجرای قوانینی که خلاف حقوق بشر است، خودداری و در برابر ماموران دولت نیز ایستادگی کند و محاکم نیز به‌نوبه خود، نباید این مقاومت را جرم شناسند.

۳- *مقاومت تعرضی*: به نظر پاره‌ای از حکیمان، مانند سن توماس راکن و لاک، دولتی که بر خلاف قوانین الهی(بنظر سن توماس) یا حقوق بشر(بنظر لاک) وضع قاعده کند، غاصب است و افراد ملت حق دارند با چنین دولتی به مبارزه برخیزند.

ولی از نظر بعضی عالمان حقوق، در هیچ جامعه‌ی منظمی، نمیتوان به همه حق داد که درباره خوب و بد قوانین داوری کنند، و از اطاعت قواعدی که نادرست می‌بینند، سرباز زنند. زیرا مشروع ساختن مقاومت در برابر قوانین نادرست، با قبول آشوب و هرج و مرج ملازمت دارد. لزوم اطاعت از قانون به اندازه‌ای بدیهی است که بسیاری از پیروان حقوق فطری(قوانین طبیعی) و کسانی‌که خود را تشنه عدالت می‌دیده‌اند، از مشروع شناختن مقاومت در برابر قوانین نادرست پرهیز کرده‌اند. چنانکه سقراط با آنکه وسایل فرارش را شاگردان و مریدان او فراهم کرده بودند، به خاطر اطاعت از قانون، حکم غیرعادلانه را به جان پذیرفت و جام شوکران را با خوشرویی سرکشید.

برای داوری کردن در این بحث، باید دانست که هر چند پشتیبانی دولت یا اقدام او برای ایجاد قواعد حقوقی ضرورت دارد، این گفته به معنی ستایش زور و عادلانه دانستن همه تصمیم‌های حکومت نیست. مردم آنچه را در وجدان خود عادلانه می‌بینند، به‌رغبت اجرا میکنند و از آنچه حکم زور می‌پندارند، می‌گریزند.

از نظر حقوقی، هیچ دادگاهی نمی‌تواند به استناد مشروع بودن مقاومت، جرمی را نادیده بگیرد، یا شخصی را از اجرای قانون معاف کند. ولی همین که از قلمرو حقوق خارج شدیم، اخلاق حکم نمی‌کند که شخصی امری را که خلاف مروت می‌داند، بپذیرد یا با دولتی که ستم‌کار می‌بیند، همکاری کند. مقاومت دفاعی و تعرضی، پیوسته با مانع حقوق برخورد می‌کند و در این نظام،

اگر به حقوق(قوانین) طبیعی و بالاتر از اراده دولت معتقد نباشیم،[این مقاومتها] قابل توجیه نیست.

طبیعت آدمی را نمی‌توان با زور دگرگون ساخت و حق داوری‌کردن درباره‌ی خوبی و بدی و داد و ستم را از او گرفت. به گفته گاندی: « زمانی فرامی‌رسد که عدم‌همکاری، به اندازه همکاری وظیفه هر کس می‌شود و کسی که از این حق خود صرف‌نظر کند، انسان شمرده نمی‌شود». بنابراین، مقاومت منفی در برابر قوانین نادرست یک واقعیت روانی و اجتماعی است که اخلاق آن را تایید می‌کند."[1]

۱- کتاب «فلسفه حقوق»، صفحات ۹۱ تا ۹۵

بخش دوم
نافرمانی مدنی

پیشینه‌ی نافرمانی مدنی به مثابه سرپیچی از دستور یا قانون با انگیزه‌ای نیک، به نافرمانی پرومته از زیوس به‌خاطر رساندن آتش به انسان و سرپیچی آنتیگون از حکم کریون (که نمی‌گذاشت جسد پولونیکس- برادر آنتیگون- را به خاک بسپارند و او شبانه برادرش را دفن می‌کند و به مجازات آن خودش را زنده به‌گور کردند)، می‌رسد.

اما درباره چیستی، چرایی و چگونگی این عمل پرسابقه، پرسش‌های بسیاری وجود دارد:

- آیا این عمل باید الزاما در روش، هدف و پیامد به‌دور از خشونت باشد یا اینکه می‌تواند در صورت اجبار با خشونت همراه باشد؟
- آیا این عمل باید در چارچوب نظم سیاسی- قانونی موجود باشد یا اینکه می‌تواند حتی دارای اهداف انقلابی و تحول‌خواهانه به‌منظور تغییر بنیادین سیستم حاکم باشد؟
- آیا نافرمانی مدنی باید حتما به شکل جمعی صورت پذیرد یا اینکه می‌تواند به صورت اعتراض فردی نیز بروز کند؟
- آیا باید حتما به شکلی علنی صورت پذیرد یا می‌تواند در شرایطی اقدامی مخفیانه باشد؟
- آیا باید الزاما نافرمانان مدنی خود را برای مجازات سرپیچی از قانون آماده کرده باشند یا اینکه بهتر است در برابر هزینه آن مقاومت کنند؟
- آیا نافرمانی مدنی عملی توجیه پذیر است یا آنکه این عمل به‌دلیل سرپیچی از قانون، اقدامی غیر قابل‌توجیه و نارواست؟
- آیا مقامات قضایی و حکومتی باید با نافرمانان مدنی مانند مجرمان برخورد کرده و آنها را مجازات کنند یا اینکه حق نافرمانی مدنی مسالمت آمیز آنها را به رسمیت بشناسند؟

- آیا در نافرمانی مدنی، باید فقط قانونی که به آن اعتراض وجود دارد، نقض شود (نافرمانی مستقیم) یا اینکه می‌توان به منظور نشان دادن اعتراض به یک قانون یا سیاست ناعادلانه، از قانون یا قاعده دیگری سرپیچی نمود(نافرمانی غیرمستقیم)؟
- آیا نافرمانی مدنی باید فقط زمانی صورت پذیرد که احتمال نتیجه‌بخش بودنش وجود دارد؟
- آیا این شکل اعتراض باید در آخرین مرحله و در صورت به نتیجه نرسیدن دیگر روشهای اعتراض قانونی صورت پذیرد یا اینکه می‌تواند به عنوان اولین اقدام در مواجهه با وجود آشکار بی عدالتی باشد؟

شاید تنها بخش بی چون و چرای تعریف نافرمانی مدنی این است که *این عمل، عدم اطاعت از قانون، دستور یا سیاستی است که نادرست و ناعادلانه دانسته می‌شود و با قصد و نیتی شرافتمندانه صورت می‌گیرد.*

اگرچه درباره تعریف نافرمانی مدنی و خصوصیات آن اتفاق نظر کاملی وجود ندارد، اما با این وجود ویژگی‌های مشترکی دربین تعاریف مختلف یافت می‌شود که می‌توان آنها را ذکر نمود. در ادامه این بخش، با برشمردن این ویژگی‌ها و سپس بررسی نظرات و دیدگاههای مختلف در این‌باره، تلاش می‌کنیم که به شناخت بهتری از این روش اعتراض مدنی دست یابیم.

ویژگی‌های نافرمانی مدنی[1]

شرافت‌آمیز بودن(Conscientiousness): این ویژگی تقریبا در تمامی تعریف‌های نافرمانی مدنی برجسته است و به وجدان، صداقت و اعتقاد اخلاقی اشاره دارد که با توسل به آن، نافرمانان مدنی قانونی را نقض می‌کنند. برای بسیاری از اشخاص نافرمان، نقض قانون نه تنها خواسته‌ای ناشی از عزت نفس و استحکام اخلاقی آنهاست، بلکه از روی ادراک آنها از مصالح جامعه خود نیز

۱- در این بخش از ترجمه مقاله Civil Disobedience نوشته Kimberley Brownlee در سایت Stanford Encyclopedia of Philosophy استفاده شده است.

هست. آنها از طریق نافرمانی خویش، توجه دیگران را به قوانین یا سیاست‌هایی جلب می‌کنند که از نظر آنان نیاز به تغییر یا ابطال دارند.

ارتباط‌گیرانه بودن(Communication): در نافرمانی مدنی، شخص معمولا دارای دو هدف موازی است. او نه تنها می‌خواهد مخالفت و انکار خویش را در برابر یک قانون یا سیاست مشخص ابراز دارد، بلکه می‌خواهد توجه عمومی را به این مساله خاص معطوف سازد و بدین وسیله برای تغییر آن قانون یا سیاست افکار عمومی را برانگیزاند. در نافرمانی مدنی، در یک جامعه نسبتا عادلانه، نافرمانان مدنی اکثریت را مخاطب خود قرار می‌دهند تا نشان دهند که از نظر آنان، اصول عدالت که عامل همکاری بین انسانهای آزاد و برابر است، توسط سیاستگذاران رعایت نشده است.[1]

دربارهٔ رویه‌ها و سیاستهایی که نافرمانی مدنی از طریق نقض قانون آنها را مورد هدف قرار می‌دهد، اختلاف نظر وجود دارد. بعضی افراد معتقدند که نقض قوانینی که در اعتراض به تصمیمات یا رویه‌های موسسات خصوصی مانند اتحادیه‌های بازرگانی، بانکها، دانشگاه‌های خصوصی و امثال آنها صورت می‌گیرد، نباید جزو نافرمانی مدنی دانسته شود.[2] اما دیگران برخلاف آن، بر این باورند که نافرمانی در مخالفت با تصمیمات بخش های خصوصی، می‌تواند انعکاسی از جدل بزرگتر با سیستم قانونگذاری باشد که اجازه اتخاذ چنین تصمیماتی را میدهد، و از این‌رو بجاست که این اعتراضات در زیر چتر نافرمانی مدنی قرار گیرند.

در میان متفکران بر سر اینکه نافرمانی مدنی می‌تواند به هر دو شکل مستقیم یا غیرمستقیم باشد، توافق کاملی وجود دارد. به عبارت دیگر، نافرمانی مدنی می‌تواند هم نقض قانونی که افراد مخالف آن هستند، باشد (نافرمانی مستقیم) و هم نقض قانونی باشد که با خود آن قانون مخالفتی وجود ندارد اما سرپیچی از آن به منظور نشان دادن اعتراض به قانون یا سیاستی دیگر است.

۱- نظریه رالز (Rawls)

۲- نظریه راز (Raz)

تجاوز به پایگاههای نظامی و شعارنویسی در جایگاه موشکهای هسته‌ای در اعتراض به سیاستهای نظامی، مثالهایی از نافرمانی مدنی غیرمستقیم است.

مرزی که اغلب بین نافرمانی مدنی مستقیم و غیرمستقیم کشیده می‌شود، بسیار کمتر از آنچه عموما فرض می‌شود، واضح است و از اینرو اهمیت زیادی ندارد. به طور مثال خودداری از پرداخت مالیات می‌تواند به صورت نافرمانی مدنی مستقیم یا غیرمستقیم در برابر سیاستهای جنگی تفسیر شود. هر چند در ابتدا به نظر می‌رسد این عمل نافرمانی غیرمستقیم است، اما بخشی از مالیات هر فرد به نوعی تامین‌کننده مالی نیروهای نظامی است و در نتیجه بطور مستقیم برای پشتیبانی از سیاستی که فرد مخالف آن است، مورد استفاده قرار می‌گیرد.

علنی بودن(Publicity): خصوصیت ارتباط‌گیرانه بودن، شاید با علنی بودن یکی فرض شود. از نظر برخی نظریه‌پردازان، نافرمانی مدنی هرگز مخفی و غیرعلنی نیست و نافرمانی مدنی باید فقط به صورت عمومی، آشکارا و با اعلان به مقاومت قانونی انجام گیرد.[1] همچنین معمولا برای معترضان ضروریست که دولت و مردم بدانند که آنها چه هدفی را دنبال می‌کنند.[2] به هر حال اگرچه در بعضی مواقع، هشدار قبلی در انتخاب استراتژی معترضان، ممکن است ضروری باشد، اما همواره اینگونه نیست. علنی بودن در بعضی اوقات، موجب کاهش یا تضعیف نمودن تلاش ارتباط‌گیری از طریق نافرمانی مدنی می‌شود؛ چرا که مثلا اگر فردی قصد خود را برای شکستن قانون، علنی کند، در نتیجه او این فرصت را به مخالفان سیاسی و مقامات رسمی می‌دهد که تلاشهای او را جهت ارتباط‌گیری با مردم، خنثی سازند و در نطفه خفه کنند. از این‌رو، نافرمانی اعلان‌نشده و در ابتدا مخفیانه، گاهی به اعتراضی آشکار و با هشدار کامل، ترجیح داده می‌شود. به طور مثال درباره آزادسازی حیوانات از آزمایشگاه‌های تحقیقاتی یا از کار انداختن تجهیزات نظامی، برای موفقیت این اعمال، باید از علنی کردن آن

۱- نظریه رالز

۲- نظریه هوگو بیدو (Bedau)

توسط نافرمانان، اجتناب شود. با این وجود، اینگونه نافرمانی مدنی نیز میتواند به عنوان عملی«آشکار» در نظر گرفته شود، در صورتیکه بلافاصله بعد از انجام عمل، بدان اقرار و دلایل دست زدن به آن اعلام شود.

به هر حال خصوصیت علنی و آشکار بودن، حتی به قیمت خنثی شدن اعتراض فرد، روشی است که در آن، معترضان میل خود به تعامل منصفانه با مقامات را نشان می‌دهند.

خشونت‌پرهیزی یا مسالمت‌آمیز بودن (Non-violence): یک موضوع مناقشه انگیز در مباحثه بر سر نافرمانی مدنی مساله عدم‌خشونت یا مسالمت‌آمیز بودن آن است. گفته می‌شود که عدم‌خشونت همانند علنی بودن، اثرات منفی نقض قانون را تقلیل می‌دهد. بعضی از نظریه‌پردازان از این هم فراتر می‌روند و می‌گویند که اساسا نافرمانی مدنی بنابر تعریف آن عملی غیر خشونت‌آمیز است. بر طبق این نظر اعمال خشونت‌آمیزی که احتمال آسیب رساندن دارند، با نافرمانی مدنی به‌عنوان یک روش ارتباط با مخاطبان ناسازگار است؛ زیرا که هر نوع تعرضی به آزادی‌های مدنی دیگران، منجر به خدشه دار کردن اصالت عمل شخص نافرمان می‌شود.[۱]

هر چند که نمونه افرادی مانند گاندی و مارتین لوترکینگ، تجسمی عینی از عمل مستقیم بدون‌خشونت هستند، اما مخالفان نظر فوق، محوریت عدم‌خشونت در نافرمانی مدنی را از جنبه‌های مختلف به چالش کشیده‌اند.

مساله اول آن است گه تعریف مناسب از خشونت مشکل است. به طور مثال، اینکه خشونت با خود، خشونت به اموال و دارایی‌ها یا خشونتی جزیی در برابر دیگران باید جزو مفهوم انواع خشونت لحاظ گردد یا نه، واضح نیست. اگر معیار مشخص از نظر عقل سلیم برای عمل خشونت‌آمیز، چیزی شبیه زخمی کردن - حتی جزیی- باشد، پس اعمال بالا جزو رفتارهای خشونت‌آمیز محسوب می‌شوند. دومین مساله این است که گاهی اعمال غیر خشونت‌آمیز یا قانونی در مقایسه با اعمال خشونت‌آمیز، باعث صدمه بیشتری به دیگران می-

---

۱- نظریه رالز

شود.[1] یک اعتصاب قانونی توسط رانندگان آمبولانس‌ها، می‌تواند نتایج وخیم‌تری نسبت به اعمال جزیی یک خرابکار داشته باشد. سومین نکته آنکه برخلاف آنچه که برخی نظریه‌پردازان[2] معتقدند، خشونت با توجه به شکل آن، ضرورتا باعث از بین بردن خصوصیت ارتباط‌گیری نافرمانان با مخاطبان نمی‌شود. مقدار محدودی خشونت برای دستیابی به هدفی معین، ممکن است خاصیت ارتباط‌گیری نافرمانی مدنی را به‌وسیله جلب توجه دیگران به خواسته معترضان و تاکید بر جدیت و ناچاری آنها بیشتر نماید.

اینگونه نظرات، این حقیقت که اعتراض بدور از خشونت قاعدتا بر اعتراض خشونت‌آمیز ترجیح دارد را تغییر نمی‌دهد. عدم‌خشونت، از صدمه مستقیمی که خشونت باعث آن می‌شود، اجتناب می‌کند و همچنین مروج خشونت در دیگر شرایطی که خشونت غلط است، نخواهد بود.[3]

علاوه‌براین، عدم‌خشونت باعث ریسک کمتر دشمن‌تراشی در بین متحدان یا تشدید ناسازگاری مخالفان می‌شود. ضمنا عدم‌خشونت توجه عمومی را منحرف نمی‌سازد و شاید باعث گردد که بهانه مقامات جهت استفاده از اقدامات متقابل خشونت‌آمیز در برابر معترضان را از آنها بگیرد.

عدم‌خشونت، علنی بودن و حاضر به پرداخت هزینه بودن، اغلب به‌عنوان وفاداری نافرمانان مدنی به سیستم قانونی موجود تلقی می‌شود که آنها در چارچوب آن اعتراض خود را ابراز می‌دارند. کسانیکه منکر اهمیت این خصوصیات نافرمانی مدنی هستند، از یک برداشت جامع‌تری حمایت می‌کنند که بر طبق آن نافرمانی مدنی، نقض قانون از روی وجدان و در راستای ارتباط‌گیری را شامل می‌شود و به منظور محکومیت قانون یا سیاست مشخصی است که آنها برای تغییر آن دست به نافرمانی مدنی می‌زنند. اینچنین برداشتی اجازه می‌دهد که نافرمانی مدنی، بتواند همراه با خشونت، تا حدی مخفی یا به شکل حرکتی انقلابی باشد. این برداشت همچنین قائل به تفاوت در نحوه عمل و

۱- نظریه راز (Raz)

۲- نظریات رالز و سینگر

۳- نظریه راز

توجیه‌پذیری نافرمانی مدنی در شرایط سیاسی مختلف است و اذعان دارد که مدل مناسب اعمال نافرمانی مدنی در فضایی مانند نظام آپارتایدِ آفریقای جنوبی از مدل نافرمانی که در یک دموکراسی لیبرال قاعده‌مند و مشروع بکار می‌رود، یقینا متفاوت است.

از آنجا که گاهی مردم به شکلهای مختلفی اقدام به اعتراض سیاسی می‌-کنند، در بعضی موارد نافرمانی مدنی با دیگر انواع اعتراضات، ترکیب و همراه می‌شود. نمونه مشهود آن گاندی است که به ترکیبی از نافرمانی مدنی و عمل انقلابی اقدام کرد. حتی یک برداشت گسترده‌تر از نافرمانی مدنی، بین این عمل و دیگر اشکال اعتراضی مانند مخالفت وجدانی، مقاومت قهری یا حتی عمل انقلابی مرز روشنی نمی‌گذارد. ایراد این نوع برداشت این است که تمایز بین انواع اعتراضات را کمرنگ می‌سازد و در نتیجه هم ادعای قابل دفاع بودن نافرمانی مدنی را تضعیف می‌کند و هم آنکه دست مقامات و مخالفان نافرمانی مدنی را باز می‌گذارد تا تمام اعتراضات مسالمت‌آمیز و خشونت‌آمیز را یکی فرض کنند.

نظریات مختلف درباره نافرمانی مدنی

درباره نافرمانی مدنی چه به لحاظ نظری و چه در عمل، نظرات و دیدگاه-های مختلفی مطرح بوده و هست که جمع‌آوری و دسته‌بندی این دیدگاه‌ها به زبان فارسی کمتر صورت گرفته و بعضی از آنها تنها به شکل پراکنده در میان مقالات یا کتاب‌ها دیده می‌شود. در این بخش با توجه به ضرورت بحث‌های پیش‌رو، به ذکر نظرات بعضی از اندیشمندان علوم اجتماعی و مبارزان سیاسی درباره نافرمانی مدنی پرداخته و سعی می‌کنیم که با دسته بندی این نظرات، به شناختی جامع‌تر از مشخصات و شرایط این عمل اعتراضی دست یابیم.

در این مبحث به نظرات و همچنین سیره مبارزاتی شخصیت‌های فکری و سیاسی مختلفی از جمله ابداع‌کننده نظریه نافرمانی مدنی **هنری دیوید ثورو**، نویسنده مشهور روسی **لئو تولستوی**، رهبر فقید استقلال هند **مهاتما گاندی**، رهبر ضد تبعیض نژادی علیه سیاه‌پوستان آمریکا **مارتین لوترکینگ**، فیلسوف

سیاسی مشهور آلمانی **هانا آرنت**، فیلسوف سیاسی مشهور آمریکایی **جان رالز**، فیلسوف نامدار معاصر آلمانی **یورگن هابرماس**، فیلسوف حقوق آمریکایی **رونالد دورکین** و رهبر جنبش ضدآپارتاید آفریقای جنوبی **نلسون ماندلا** نگاهی اجمالی خواهیم داشت. یقینا به این مجموعه می‌توان دیدگاه نظریه‌پردازان و کنشگران بیشتری را اضافه نمود، اما سعی شده است تا در اینجا به تعدادی از نامدارترین و تاثیرگذارترین شخصیت‌ها در این زمینه پرداخته شود.

۱- هنری دیوید ثورو (۱۸۱۷-۱۸۶۲)

هنری دیوید ثورو، نویسنده و فیلسوف آمریکایی را واضع نظریه نافرمانی مدنی می‌دانند. او در جزوه‌ی مشهور خود - نافرمانی مدنی[۱] - ، نگاه خویش را درباره حکومت، قانون و سیاستهای دولت وقت آمریکا بیان می‌دارد و چرایی و چگونگی سرپیچی از قانون ناعادلانه را با ذکر مثال‌هایی در جامعه خویش شرح می‌دهد و خصوصیات آنرا برمی‌شمارد.

او با پرسش هایی ساده آغاز می‌کند: "آیا شهروند می‌باید مجبور باشد وجدانش را حتی لحظه ای، یا ذره ای، به قانون‌گذاران بفروشد؟ پس وظیفه‌ی وجدان بشری چیست؟" و سپس پاسخ می‌دهد: "فکر می‌کنم که قبل از هر چیز می‌باید انسان بمانیم و پس از آن شهروند. خردمندانه نیست که به قانون همان احترامی را بگذاریم که به حقیقت و راستی. تنها وظیفه‌ای که من حق پذیرش آن را دارم این است که در هر زمانی، آنچه را که «درست» تشخیص می‌دهم انجام دهم ... قانون، هرگز انسانها را ذره‌ای منصف‌تر و عادل‌تر نکرده است و با احترام آنان به خود، حتی طرفدارانش را به کارگزاران هر روزه‌ی ستم قانونی تبدیل نموده است."

ثورو با مثال زدن سربازان و درجه دارانی که به طور منظم اما برخلاف اراده و میل‌شان و حتی بر خلاف عقل سلیم و وجدان‌شان به سوی جبهه‌های جنگ - با مکزیک - می‌روند، می‌گوید: "اینان شکی ندارند که درگیر جریانی نفرین شده‌اند، اما بدون هیچ مقاومتی به آن تن می‌دهند ... توده های آدمیان به این ترتیب است که به حکومت خدمت می‌کنند، نه به‌منزله انسان بلکه با جسم‌شان، بیشتر به‌عنوان ماشین، به خدمت حکومت در می‌آیند ... در بیشتر موارد، در اینان اثری از تمرینی آزادانه، چه در زمینه‌ی قضاوت یا احساس اخلاقی به‌چشم نمی‌آید، بلکه خود را تا سطحی پست همچون چوب و خاک و سنگ کاهش می‌دهند ... با این وجود همین انسان‌هایند که معمولا شهروند

۱- تمام مطالبی که در این بخش در گیومه آورده شده از ترجمه غلامعلی کشانی از جزوه ذکر شده است که در برخی قسمتها اصلاحات جزیی در ترجمه اعمال شده است.

خوب بهشمار می‌آیند. باقی افراد از قبیل اکثر قانون‌گذاران، سیاستمداران، حقوقدانان، روحانیون و کارمندان دفتری، بیشتر از طریق مغزشان در خدمت حکومت‌اند ... اینان به همان اندازه‌ای که به خدا خدمت می‌کنند احتمال دارد که ناخواسته به شیطان نیز خدمت کنند. در مقابل، تعداد اندکی هم- از جمله قهرمانان، وطن‌پرستان، شهدا، مصلحین و نیز انسانهای حقیقی- از طریق وجدان بیدارشان به حکومت خدمت می‌کنند و به همین دلیل به‌وقت ضرورت، بیشترین مقاومت را در مقابل دولت نشان می‌دهند. ازین‌روست که حکومت معمولا با آنان همانند دشمن رفتار می‌کند. انسان خردمند، تنها هنگامی مفید است که انسان باقی بماند."

ثورو سپس در پاسخ این سوال که آدمی اگر بخواهد انسان باقی بماند، در برابر دولتی که ناعادلانه رفتار می‌کند، چه باید بکند؟ به حق خودداری از وفاداری و تبعیت از حاکمیت و حق مقاومت در برابر آن، هنگامی که ستمگری یا بی‌کفایتی اش عظیم و تحمل‌ناپذیر شده باشد تاکید می‌کند و می‌گوید: "در اینگونه موارد، مردم و همچنین هر فردی، می‌باید به هر قیمتی که شده عدالت را اجرا کنند و هزینه های احتمالی آن را نیز پذیرا باشند."

ثورو سپس با اشاره به مردمانی که از اصناف و طبقات مختلف، به عدالت بهای لازم را نمی‌دهند و بیشتر از انسانیت، به بازرگانی و کشاورزی علاقه‌مندند، می‌پردازد و آنها را مانع اصلی اصلاحات می‌داند. او می‌نویسد: "باید توجه داشت که هزاران نفر وجود دارند که در «نظر» مخالف بردگی و جنگ‌اند: کسانی که با اینهمه، در «عمل» کاری برای پایان دادن به این اوضاع صورت نمی‌دهند. کسانی که خود را فرزندان واشنگتن و فرانکلین می‌دانند، با دستانی در جیب می‌نشینند و می‌گویند که نمی‌دانند چه کنند و البته که کاری هم نمی‌کنند؛ کسانی‌که حتی مسئله آزادی بشر را نسبت به مسئله آزادی تجارت درمرتبه‌ی دوم می‌بینند... [اینان] حداکثر اینکه، تنها یک رای ارزان و بی ارزش به صندوق می‌اندازند، و هنگام عبور حقیقت از کنارشان، با اکراه، کلاهی به احترام او از سر برمی‌دارند."

ثورو با تاکید به انجام اقدامی قاطع و موثر، درباره کسانی که تنها به رای‌دادن برای حصول تغییرات دل خوش کرده‌اند، می‌گوید: "حتی رأی دادن به حقیقت و راستی، مساوی با انجام کاری برای آن نیست. فقط بیان ضعیفی است از میل‌تان به پیروزی آن. انسان خردمند، «راستی» را به دست بخت و اقبال نمی‌سپارد و به آرزوی غلبه از طریق رأی اکثریت نیز نمی‌نشیند."

ثورو وظیفه انسان نمی‌داند که خود را وقف برچیدن هر گونه نادرستی - حتی بزرگترین آنها - کند، اما حداقل وظیفه‌ی انسان می‌داند که از آن نادرستی دست بشوید و اگر دیگر نمی‌خواهد لحظه‌ای به آن بیاندیشد، حداقل در عمل هم از نادرستی پشتیبانی نکند.

در ادامه او به مهمترین سوالی اشاره می‌کند که مابقی مقاله به توضیح آن می‌پردازد و می‌توان آنرا مبانی نظری نافرمانی مدنی در اندیشه ثورو دانست. او این‌گونه می‌پرسد و پاسخ می‌دهد: "قوانین ستمگرانه همیشه وجود دارند: آیا باید در مقابلشان کرنش و اطاعت کنیم، یا بکوشیم تا کم کم اصلاح شوند (و در عین حال) تا وقتی که در این کار موفق شویم از آن قوانین پیروی نماییم، و یا اینکه باید بی‌درنگ آنان را زیر پا بگذاریم؟ به‌طور کلی انسان‌ها تحت انقیاد چنین حکومت‌هایی، معتقدند تا زمانی که اکثریت را به تغییر این قوانین متقاعد نکرده‌اند، می‌باید از آنها پیروی کنند. اینان بر این باورند که اگر مقاومت کنند، نتیجه‌ی کار بدتر از خود «شر» موجود خواهد شد. اما برعکس باید بدانند که اشکال اصلی در خود دولتی است که با برخوردهایش، نتیجه‌ی اصلاح را بدتر از شر می‌سازد. حاکمیت است که اصلاحات را به سوی «بدتر» سوق می‌دهد. چرا حکومت قبل ازاینکه صدمه‌ای ببیند، داد و فریاد برمی‌آورد، هیاهو به‌راه می‌اندازد و با اصلاحات مخالفت می‌ورزد؟ چرا شهروندانش را تشویق نمی‌کند که برای کشف و نقد خطاهایش در آماده باش همیشگی به‌سر برند، و چرا با آنان برخورد سزاوارتری نمی‌کند؟ چرا همیشه مسیح را به صلیب می‌کشد، کپرنیک و ولتر را از جامعه طرد می‌کند و واشنگتن و فرانکلین را شورشی نام می‌نهد؟"

ثورو سپس تاکید می‌کند که اگر بی‌عدالتی در حد اصطکاک لازم برای حرکت ماشین دولت باشد، می‌توان آنرا به حال خود گذاشت. اما اضافه می‌کند که "اگر ذاتش طوری است که از تو می‌خواهد تا عامل بی‌عدالتی نسبت به دیگری باشی، پس من قاطعانه می‌گویم قانون را زیر پا بگذار. بگذار هستی‌ات ضد آن اصطکاک باشد تا ماشین نظام را متوقف سازد. آنچه من باید انجام دهم این است که مطمئن گردم در هیچ حالتی، به نادرستی‌ای که محکومش می‌دانم، تسلیم نخواهم شد."

ثورو وظیفه‌ی عملی هر فرد در مقابله و اعتراض به بی‌عدالتی را، در قطع حمایت از دولت ستمکار می‌داند و عمل قاطع یک نفر را، ارزشمندتر از ناله کردن تمامی مردم می‌داند: "بی تردید می‌گویم، آنانی که خود را «ضد بردگی» می‌دانند، قبل از اینکه به حقیقتی لطمه وارد کنند که در پی پیروزی آنند، می‌باید به‌صورتی فوری و مؤثر، حمایت جانی و مالی خود را از دولت قطع کنند و منتظر کسب اکثریت عددی در آینده نمانند ... به‌خوبی می‌دانم که اگر نه یک هزار، اگر نه یکصد، بلکه اگر ده نفر انسان (بتوان نام برد) - بله اگر فقط ده نفر انسان شریف - باز هم نه، اگر فقط یک انسان شریف در این ایالت ماساچوست، که در تلاش برچیدن بردگی است، در عمل وجود داشت - که حاضر بود ازین مشارکت خارج شود، و به همین خاطر در زندان ولایتش محبوس می‌شد - همین به تنهایی می‌توانست به‌معنی الغا بردگی در آمریکا باشد. چرا که مسئله اصلی این نیست که آغاز کار ممکن است چقدر بی اهمیت در نظر آید؛ آنچه که یک بار به‌خوبی انجام شود، برای ابد انجام شده است. ولی در عمل این چنین نیست، و ما فقط عاشق صحبت کردن از خوبی هستیم. مأموریت ما، سخن گفتن از آن است نه عمل به آن! اصلاح‌طلبی فقط انبوه روزنامه‌ها را به‌خدمت می‌گیرد، اما نه آن تک نفر را."

مساله‌ی قبول هزینه به‌خاطر نافرمانی در برابر قوانین ظالمانه دولت، در ادامه مقاله ثورو توضیح داده می‌شود و این هزینه را افتخاری برای انسان آزاد و رسوایی برای حکومتی که انسان را به‌خاطر تن‌ندادن به ظلم به زندان می‌اندازد، می‌داند: "در حاکمیتی که بدون انصاف انسان‌ها را به زندان می‌اندازد، طبیعی

است که جای راستین انسان منصف نیز در زندان باشد. تا امروز، تنها جایی که حاکمان ماساچوست برای جانها و روحهای نسبتا آزادتر و امیدوارتر شهروندان خود تأمین کرده‌اند ، زندانهایش است تا آنان را بنام قانون خودساخته‌شان از حکومت دور نگه‌دارند ... زندان، سرزمین تک‌افتاده، اما آزاد و قابل احترامی است که حکومت، آنانی را که بر علیه او می‌باشند، در آن جای می‌دهد و تنها مأمنی است در یک حکومت برده‌دار، که انسان آزاد در آن می‌تواند با افتخار بسر برد."

ثورو همچنین اقدام اعتراضی جمعی با قبول هزینه را، تنها راه عقب راندن حکومت و پیشگیری از اقدام‌های خشونت‌بار بعدی می‌داند: "زمانی که حاکمیت بر سر دوراهی به زندان انداختن همه‌ی انسانهای منصف از یک‌سو و ترک جنگ تجاوزگرانه و برده‌داری از دیگر سو قرار می‌گیرد، در انتخاب خود تردیدی راه نمی‌دهد. اگر امسال یک هزار مرد مصمم می‌شدند که احکام مالیاتی‌شان را نپردازند، اقدامی خشن و خونین نمی‌توانست باشد. بالعکس، پرداخت آن مالیات هاست که خشونت‌بار و خون‌بار است، چرا که حکومت را قادر می‌سازد تا دست به خشونت زند و خون بی‌گناهان را بزمین ریزد. این در واقع به‌معنی «انقلابی صلح آمیز» است، اگر چنین انقلابی ممکن باشد."

در ادامه جزوه نافرمانی مدنی، ثورو به ذکر خاطرات خود از زندانی شدن یک روزه‌اش به‌دلیل عدم پرداخت مالیات می‌پردازد و بیان می‌دارد که این تجربه چگونه باعث متحول شدن نگاهش به حاکمیت و مردمانی که با آنها زیست می‌کنند، گردید: "علاوه بر اینها توانستم حاکمیتی را که زیر سایه‌اش زندگی کرده بودم، از آن هم واضح تر و شفاف تر ببینم. فهمیدم مردمی را که بین‌شان زندگی می‌کردم تا چه حدی می‌شود به‌عنوان همسایگان و دوستانی خوب رویشان حساب کرد ... در فداکاری‌هایشان برای بشریت، دست به هیچ خطری نمی‌زنند، حتی در حد اموالشان. در نهایت اینکه خیلی هم شریف نیستند، به‌طوریکه با دزد همان‌گونه رفتار می‌کنند که دزد با آنان، و امیدوارند با کمک برخی مراسم مذهبی ظاهری، قدری نماز، روزه، دعا و عمل کردن به یک روش سرراست اما بی فایده، روح خود را نجات بخشند."

در انتهای مقاله با اشاره به اینکه او به انجام وظایف شهروندی (مانند پرداخت عوارض راه‌سازی و پشتیبانی مالی از مدارس) عمل می‌کند، حساب خود را از آشوب‌طلبان و سهل‌انگاران جدا می‌سازد و می‌گوید: "به زبانی ساده‌تر تنها آرزومندم که از پشتیبانی و ابراز وفاداری به حاکمیت خودداری کنم، از حوزه‌ی اقتدار آن خارج شوم و به‌طور مؤثر دامن خود را ازو دور نگه‌دارم... در اندیشه‌ی ردیابی آثار پشتیبانی و وفاداری‌ام می‌باشم. در واقع به شیوه‌ی خود، در سکوت به حاکمیت اعلام جنگ می‌کنم، با این‌حال، آنطور که معمول است هنوز هم تا آنجایی که می‌توانم از مزایای حکومت استفاده می‌کنم."

ثورو سپس می‌گوید که امیدوار است با وجود انسان‌هایی همدل در میان شهروندانش بتواند این فرجام خواهی ظاهرا ناممکن را توسط خود آنان از حکومت امکان پذیر سازد تا حاکمیت را به‌سوی احترام حقیقی به فرد حرکت دهد. او در پایان آرزوی خویش را برای داشتن حکومتی حداقلی، مردم سالار و مقید به حقوق بشر که بتواند نسبت به همه انسان‌ها منصف باشد، و با فرد محترمانه رفتار کند، بیان می‌دارد. "حکومتی که اگر عده انگشت شماری بی-توجه به او زندگی کنند، نهراسد ازین که امنیت و آرامش‌اش دچار آسیب شود."

در اینجا باید نکته دیگری در ارتباط با اندیشه ثورو درباره‌ی نافرمانی مدنی ذکر شود که در مقاله‌ای دیگر از ثورو با عنوان «رساله‌ی دفاع از جان براون» بدان پرداخته شده است. جان براون، مزرعه‌داری که طرفدار لغو بردگی در آمریکا بوده است، واپسین سال‌های زندگی‌اش را به مبارزه‌ی خشونت‌آمیز علیه بردگی اختصاص داده بود. ثورو در آن رساله، دفاع از او را بر عهده گرفت و با ستایش آرمان تعالی‌گرای او حمایت بدون محدودیتی از عمل خشونت‌آمیز وی بعمل آورد.

ثورو، خشونت جان براون را تحت عنوان حق مطلق کاربرد قدرت علیه قدرت، توجیه می‌کند. او می‌گوید: "من نه می‌خواهم بکشم و نه کشته شوم. اما می‌توانم تصور کنم زمانی فرا خواهد رسید که این یک یا آن یک اجتناب ناپذیر خواهد بود." ثورو - برعکس گاندی - خشونت را فی نفسه، بد تلقی نمی‌کند و

در مورد توجیه اعمال خشونت‌آمیز، بدون هیچ گونه ابهامی می‌نویسد: "یکبار هم که شده تفنگ ها با هدف خوب بکار گرفته شدند و این ابزار در دست‌هایی قرار گرفت که می‌دانستند چگونه از آن استفاده کنند ... دیگر مساله این نیست که از چه سلاحی استفاده می‌شود، بلکه مهم آن‌است که با چه نیتی مورد استفاده قرار می‌گیرند."[۱]

***

در جمع بندی نظرات ثورو می‌توان ویژگی‌های زیر را درباره نافرمانی مدنی در اندیشه وی برشمرد:

- وجدان انسانی، حقیقت و راستی مهمتر از قانون بشری؛
- پرداخت هزینه در راه پایبندی به اجرای عدالت؛
- اگر قرار باشد عامل بی‌عدالتی باشی، همان وقت قانون را زیر پا بگذار و منتظر متقاعد کردن اکثریت نباش؛
- وظیفه‌ی فردی و نه در انتظار جمع بودن؛
- نافرمانی مدنی، راه پیشگیری از خشونت؛
- انجام وظایف شهروندی جهت نشان دادن اختلاف نافرمانی مدنی با نافرمانی مجرمانه؛
- استفاده از ابزار خشونت علیه بی‌عدالتی به‌عنوان یک حق؛

۱- کتاب «گاندی و ریشه‌های فلسفی عدم خشونت»، صفحات ۶۰ تا ۷۰

۲- لئو تولستوی (۱۹۱۰-۱۸۲۸)

لئو تولستوی نویسنده‌ی شهیر روسی - کسی که گاندی او را بزرگترین حواری عدم‌خشونت می‌نامد - یکی از کسانیست که به تدوین نظریه‌ی عدم‌خشونت در نوشته‌های ادبی و اجتماعی خود می‌پردازد و بر پیروی از وجدان و مقاومت در برابر بدی با استفاده از تعالیم مسیح تاکید می‌ورزد.
تولستوی، در نامه‌ای که در آغاز قرن بیستم در یک مجله آمریکایی انتشار یافت، ذکر می‌کند که از نوشته‌های ثورو کمک بسیار گرفته و از او تاثیر پذیرفته است.[۱]

مسیحیت تولستوی در این تفکر خلاصه می‌شود که کمال شخصی جز در خوشبختی همگان وجود نخواهد داشت. به همین دلیل است که او زندگی برای دیگران را به زندگی برای خویشتن ترجیح می‌دهد، زیرا زندگی واقعی جز در عشق به هم‌نوع وجود ندارد. به نظر تولستوی، نیکی بهترین وسیله برای مبارزه با بدی است.

تولستوی گفته‌های مسیح در انجیل متی را سرمشق قرار می‌دهد که می‌گوید: *"شما شنیده‌اید که گفته شده است «چشم در برابر چشم، دندان در برابر دندان» و من به شما می‌گویم هرگز در برابر بدنهاد با خشونت مقاومت نکن، به بیانی دیگر هرگز عملی خلاف عشق انجام نده. اگر به تو ناسزا گفتند توهین را تحمل کن و به رغم هر چیزی هرگز به خشونت متوسل نشو."*[۲]

تفکر پایداری در برابر بدی و عشق به هم‌نوع، محور اساسی تمام فلسفه‌ی تولستوی را تشکیل می‌دهد. با تاکید بر این تفکر است که تولستوی به انتقاد از دولت و مسیحیت کلیسا می‌پردازد. او نگاهی عمیقا معنوی به مذهب دارد و از این‌رو با دین جزمی و قدرت حکومتی همراه با آن درگیر می‌شود: *"دولت خشونت است و مسیحیت تواضع و فروتنی است. از همین‌رو دولت نمی‌تواند*

۱- مقاله A Message To The American People از کتاب
Tolstoy's Writtings on Civil Disobedience and Non-Violence
۲- کتاب «گاندی و ریشه‌های فلسفی عدم خشونت»، صفحه ۱۴۸

مسیحی باشد و انسانی که می‌خواهد مسیحی باشد نمی‌تواند در خدمت دولت قرار گیرد. مذهب، حقیقت و نیکی است، کلیسا دروغ و بدی. کلیسا جز نهادی دروغگو و ستمگر نبوده است که به انحراف و تغییر ماهیت نظریه‌ی واقعی مسیح پرداخته است." [۱]

تولستوی در مقاله‌ی «دو جنگ»، تنها راه فتح جهان را با استفاده از تعالیم مسیح در «فرمانبری هر انسانی از عقل و وجدان خویش» می‌داند و این عمل را بسیار ساده، بی‌شبهه و وظیفه هر کس می‌داند. او در آنجا می‌نویسد:

*" یک انسانِ عاقل- انسانی که نه تنها **وجدان خویش را نمی‌فروشد** بلکه **آنرا پنهان نیز نمی‌سازد** - می‌گوید: شما می‌خواهید مرا مجبور به شرکت در آدم‌کشی کنید، شما از من درخواست پول برای تهیه سلاح می‌کنید، و از من می‌خواهید که در اجتماع سازمان‌یافته قاتلان شرکت کنم، اما من شهادت می‌دهم - و شما نیز به همان شهادت می‌دهید - که قانون در زمان‌های دور نه تنها آدمکشی را، بلکه هر نوع خصومتی را ممنوع ساخته بود و بدین خاطر من نمی‌توانم از شما فرمانبری کنم."* [۲]

تولستوی در جای دیگر درباره‌ی بکارگیری اصول عدم‌خشونت و عدم‌مشارکت در نامه‌ای به یک هندی می‌نویسد:

"آدمی را طریقی نیست جز زیستن به آیین مهر که خاستگاهش دل است؛ و اصل «عدم‌خشونت»، «عدم‌مشارکت» در هر گونه خشونت را به ارمغان می‌آورد. آنگاه، نه تنها یک صد تن نمی‌توانند میلیون‌ها آدمی را به بند کشند، بلکه میلیون‌ها نفر از به بند کشیدن یک تن عاجزند. به‌رغم دستگاه حکومت - دادگاه‌ها و ادارات مالیات و به‌ویژه ارتش - به بد نکوشید و در بد شرکت نکنید! و هیچ چیز و هیچکس در دنیا نخواهد توانست شما را به بند کشد!" [۳]

۱- مرجع پیشین، صفحات ۱۴۹ و ۱۵۱

۲- مقاله two war صفحه ۲۷ و ۲۸ از کتاب
Tolstoy's Writtings on Civil Disobedience and Non-Violence

۳- کتاب «زندگی تولستوی»، صفحه ۲۳۰

با وجود تاکید تولستوی بر اصل عدم بکارگیری خشونت، اما او همواره معتقد به پایداری در برابر بدی و مقاومت در برابر آن است. تولستوی در سال ۱۹۰۰، در نامه‌ای از اینکه اصل عدم‌خشونت او را سوء تعبیر کرده اند شکایت می‌کند:

"اصل «در برابر شر، به شر مکوش» را با قاعده «با شر درگیر نشو» اشتباه گرفته‌اند، به این معنا که «در برابر شر تسلیم باش» را به جای این اصل نهاده‌اند که «نبرد با شر تنها هدف مسیحیت است و فرمان عدم‌خشونت در برابر شر، موثرترین راه نبرد با آن است.»" [۱]

برای تولستوی چون دیگر متفکرین مسیحی، عدم‌خشونت، اطاعت از قانون ایزدی و مستلزم سرپیچی از قانون غیرعادلانه است. به نظر او برای چیرگی بر خشونت، به طور کلی باید اطاعت از هر گونه قدرت مبتنی بر خشونت را قطع نمود.

نافرمانی از قدرت، متضمن نه تنها انتقاد تند از نهادهایی مانند پلیس و ارتش است که ابزار خشونت دولت هستند، بلکه همچنین سرپیچی مطلق از پرداخت مالیات و انجام خدمت سربازی است. در عمل، تولستوی در مورد دو نهاد اخیر از خود می‌پرسد: *"چرا تحت عنوان مالیات، محصول کارم را برای آنها رها کنم، درحالی‌که می‌دانم این پول برای خرید کارمندان، ساختن زندان‌ها و کلیساها و نگاهداری ارتش و دیگر ابزار مضری صرف می‌شود که برای ستم‌کردن به من اختصاص داده شده‌اند."* [۲]

به نظر تولستوی انجام خدمت سربازی، طریقه‌ای است برای مبدل شدن انسان به ابزار خشونتِ قدرت و از دست دادن بخشی از وجدان شخصی. از این‌رو، تولستوی وجدان مسیحیان را فرا می‌خواند که از دولت و هر گونه خشونتی که از تشکیلات آن ناشی می‌شود، سرپیچی کنند. در همین راستاست که او از "دوخوبوس‌ها"، جمعیت سرپیچی‌کنندگان از رفتن به خدمت سربازی،

۱- مرجع پیشین، صفحه ۱۶۰
۲- کتاب «گاندی و ریشه‌های فلسفی عدم خشونت»، صفحه ۱۴۹

پشتیبانی می‌کند. انتقاد او از جنگ روس و ژاپن در ژانویه ۱۹۰۴ نیز به همین دلیل بود.[۱]

از سوی دیگر، تولستوی معتقد به تحمل رنج و پرداخت هزینه برای مبارزه با بدی و بی‌عدالتی بود، لیکن حاکمیت وقت نمی‌توانست او را به‌خاطر موقعیت رفیعی که در جهان داشت، دستگیر کند. این نکته، برای او دردی جانکاه بود که رنجی را که دیگر مبارزان تحمل می‌کنند بر او وارد نمی‌شود. او تشنه‌ی شهادت بود اما حکومت زیرک‌تر از آن بود که این خواست او را ارضا کند. او خود در این‌باره می‌گوید:

"آن کس که رنجی بر خود هموار نمی‌کند، به آن کس که رنج می‌برد، نمی‌تواند هیچ نکته‌ای بیاموزد. گردِ من دوستانم را شکنجه و آزار می‌دهند و مرا آسوده می‌گذارند، با علم به این که اگر مفسدی وجود دارد همان من هستم. مسلما من سزاواری شکنجه و آزار ندارم و از این امر شرمنده‌ام. با این وضع باید جان دهم بی آنکه قادر باشم تا با زجرهای جسمی، شاهدی شوم بر اعتلای حقیقت." [۲]

حال بهتر می‌توان فهمید چرا تولستوی را به‌عنوان یکی از کسانیکه اندیشه و نظریات او، برای فهم روش‌های مبارزات مدنی اهمیت دارد، باید مورد توجه قرار داد. اگرچه که اندیشه تولستوی و تاکید او بر پیروی از وجدان و قوانین طبیعی الهی، روش اعتراضی او را شاید جزو «مخالفت وجدانی» (که در بخش‌های بعد به آن خواهیم پرداخت) قرار می‌دهد، اما با توجه به نوشته‌های او درباره‌ی سرپیچی از دولت و قدرت، می‌توان او را یکی از پایه گذاران تفکر نافرمانی مسالمت‌آمیز دانست که تاثیر بسیار زیادی بر متفکران و مبارزان نافرمانی مدنی پس از خود و به‌خصوص مهاتما گاندی داشته است.

***

در جمع بندی نظرات تولستوی، می‌توان ویژگی‌های زیر را درباره نافرمانی مدنی در اندیشه وی برشمرد:

۱- مرجع پیشین، صفحه ۱۵۰

۲- کتاب«زندگی تولستوی»، بخشهایی از نامه به «تنه رومو»، صفحه ۱۶۲

- مقاومت و پایداری در برابر بدی؛
- عدم توسل به خشونت به طور مطلق؛
- پایبندی به عقل و وجدان و اطاعت از قانون ایزدی و سرپیچی از قانون ناعادلانه؛
- پنهان نکردن وجدان؛
- تحمل رنج و پرداخت هزینه برای مبارزه با بدی و بی‌عدالتی؛

۳- مهاتما گاندی (۱۹۴۸-۱۸۶۹)

بی‌تردید یکی از تاثیرگذارترین افرادی که نافرمانی مدنی را در نظر و عمل بکار برد و آنرا به‌عنوان الگویی موفق در مبارزه با بی‌عدالتی تثبیت نمود، رهبر بزرگ هند، مهاتما گاندی بوده است. او که با الهام از آموزه‌های معنوی هندوئیسم و فلسفه‌ی عدم‌خشونت، روش مبارزه خویش را بر مبنای مقاومت مسالمت‌آمیز و عدم‌همکاری فعالانه قرار داد، از نظرات ثورو و تولستوی برای مبارزه در راه استقلال هند از استعمار انگلیس بسیار بهره گرفت. دراینجا به ذکر گزیده‌ای از نظرات او درباب مقاومت مسالمت‌آمیز و روش نافرمانی و عدم‌همکاری در راه مبارزه با بی‌عدالتی می‌پردازیم.

گاندی بیش از هر چیز در روش مبارزه خویش، تاکید بسیار بر عدم بکارگیری خشونت دارد و همواره آنرا خط قرمز مبارزه خویش می‌داند. اگر چه می‌داند که در راه مبارزه، مبارزان مورد خشونت واقع می‌شوند، لیکن او آنها را از بکارگیری خشونت منع می‌کند و به تحمل سختی فرامی‌خواند، زیرا که آنرا کاراتر و موثرتر در غلبه بر دشمنان خشونت‌طلب می‌داند. او می‌گوید:

"مقاومت مسالمت‌آمیز، روش بدست آوردن حقوق از راه تحمل رنج شخصی است و درست صورت مخالف مقابله و مقاومت با اسلحه است. وقتی که من از انجام کاری که وجدانم نمی‌پذیرد، خودداری می‌کنم نیروی روحی خود را به کار می‌برم. مثلا حکومت کنونی، قانونی وضع کرده است که شامل من هم می‌شود. اما من آنرا دوست نمی‌دارم. اگر با زور خشونت، حکومت را مجبور به لغو این قانون سازم، چیزی را بکار می‌برم که می‌توان آنرا نیروی جسمی و مادی خواند. اما اگر از این قانون اطاعت نکنم و کیفری را هم که برای این سرپیچی تعیین شده بپذیرم، نیروی روحی خود را بکار برده‌ام که شامل قربانی ساختن خویش است. هر کس قبول دارد که قربانی ساختن خود در مقامی بی‌نهایت عالی‌تر از قربانی ساختن دیگران قرار دارد. به‌علاوه اگر نیروی تحمل رنج برای منظورهای نادرست و غیرعادلانه بکار رود، تنها شخصی که آن را بکار

می‌برد رنج خواهد کشید و به خاطر اشتباهات خود، دیگران را به رنج نمی‌افکند." ۱

البته باید توجه داشت که گاندی هوادار موثر عدم‌خشونت را کسی می‌داند که در برابر بی‌عدالتی‌های اجتماعی در هر جا و به هر صورت که باشد، بی‌اعتنا نماند و ایستادگی کند. او بی‌عملی در برابر بدی را بیش از خشونت تقبیح می‌کند و می‌نویسد:

"من خشونت را هزاران بار بر نامردساختن تمامی یک ملت و یک نژاد مرجح می‌شمارم. نظریه‌ی عدم‌خشونتِ من، هرگز نمی‌پذیرد که از مقابله با خطرات بگریزم و عزیزان خود را بلا دفاع رها کنم. میان اِعمال خشونت و گریز بزدلانه، مسلما من خشونت را به بزدلی ترجیح می‌دهم." ۲

گاندی مبارزه را در عملِ مستقیم و اقدامِ فعالانه می‌داند و در این‌باره می‌گوید:

"هرگز هیچ چیز بر روی زمین بدون اقدام مستقیم تحقق نپذیرفته است. من اصطلاح «مقاومت منفی» را به علت نارسایی‌اش و از آن جهت که آن را سلاحی برای ضعیفان برشمرده‌اند، رد می‌کنم و قبول ندارم." ۳

گاندی نافرمانی عمدی و مسالمت‌آمیز را حق طبیعی و ضمنی هر فرد می‌داند و می‌گوید: «کسی که از این حق خود صرف‌نظر کند، انسان شمرده نمی‌شود.» از نظر او نافرمانی عمومی مسالمت‌آمیز هرگز به هرج و مرج منتهی نمی‌شود، در صورتیکه نافرمانی خشونت‌آمیز و همراه با جنایت، ممکن است چنین نتایجی به بار آورد. او خطاب به کسانی‌که قصد انکار این حق را دارند، می‌گوید:

"ای کاش می‌توانستم همه را متقاعد کنم که نافرمانی مدنی، حق مسلم همه شهروندان است. سرکوب نافرمانی مدنی، تلاش برای زندانی‌کردن وجدان است. نافرمانی مدنی جز نیرومندشدن و پاک‌شدن ثمره‌ای ندارد. کسی که به

۱- کتاب «همه مردم برابرند»، صفحات ۲۴۵ و ۲۴۶

۲- مرجع پیشین، صفحات ۲۷۷ و ۲۷۸

۳- مرجع پیشین، صفحه ۲۷۵

مقاومت مدنی متوسل می‌شود، هرگز دست به اسلحه نمی‌برد، پس برای دولتی که اصولا مشتاق شنیدن افکار عمومی است، تهدیدی محسوب نمی‌شود. ولی چنین فردی برای دولتهای خودکامه خطرناک است، چرا که مقدمات سقوط آنها را با جلب افکار عمومی به موضوعی که او را وادار به مقاومت کرده است، فراهم می‌آورد. بنابراین زمانی که دولت، به قدرتی بی‌قانون - یا به عبارتی دیگر فاسد - بدل شده است، مقاومت مدنی، جنبه وظیفه‌ای مقدس به خود می‌گیرد. شهروندی که با چنین دولتی به تبادل منافع بپردازد نیز در فساد یا بی‌قانونی آن شریک است.

ازاین‌رو، شاید در مواقعی خاص و در مورد قانون یا مقرراتی خاص بتوان در عاقلانه‌بودن توسل به این نوع نافرمانی شک کرد یا گاه درباره به تعویق انداختن آن به تامل پرداخت، ولی شک‌کردن درباره اصل وجود چنین حقی به هیچ‌وجه شایسته نیست. حق نافرمانی مدنی، حقی مسلم است که بدون صرف‌نظرکردن از عزت نفس خویش، نمی‌توان از آن صرف‌نظر کرد." [1]

همچنین گاندی وجود این حق را مستلزم قبول هزینه و عواقب رنج‌بار ناشی از نافرمانی می‌داند و می گوید:

"اگر چه حق نافرمانی مدنی از یک سو اجازه نافرمانی از قوانین ناعادلانه و غیراخلاقی دولت را، که فرد در پی نفی آنهاست، به او می‌دهد، ولی درعین‌حال استفاده از چنین حقی، مستلزم تن دادن بردبارانه و داوطلبانه به مجازات‌های ناشی از نافرمانی و نیز سختی‌هایی است که با آن قرین است." [2]

از نظر گاندی "مبارزه‌ی نافرمانی از قوانین عمومی، باید صمیمانه، احترام‌آمیز و توام با خویشتن‌داری باشد و هرگز نباید گستاخانه و خشونت‌آمیز باشد. باید بر اصول سنجیده و دانسته متکی باشد و نباید دستخوش هوسها و شهوات باشد و مافوق همه، به هیچ وجه نباید بدخواهانه و نفرت‌انگیزنده باشد." [3]

۱- کتاب «مهاتما گاندی و مارتین لوترکینگ: قدرت مبارزه عاری از خشونت»، صفحه ۲۱۶

۲- مرجع پیشین، صفحه ۲۲۹

۳- کتاب «همه مردم برابرند»، صفحه ۲۶۹

گاندی در توصیف نافرمانی مدنی و ویژگی‌های شخص نافرمان می‌گوید: *"نافرمانی کامل عمومی و مسالمت‌آمیز، شورشی است که در آن خشونت وجود ندارد. کسی که به‌وسیله این قبیل نافرمانی به مقاومت می‌پردازد، در کمال سادگی وجود قدرت دولت را نادیده می‌انگارد. او یک قانون‌شکن خواهد بود که هیچ یک از قوانین غیر اخلاقی دولت را محترم نخواهد شمرد و همه را بی‌اعتبار خواهد شناخت و مثلا ممکن است از پرداختن مالیات سرپیچی کند. ممکن است قدرت دولت در امور زندگی روزانه‌اش را نادیده بگیرد و نپذیرد. ممکن است به قوانین ممنوعیت بی اعتنایی کند و به سربازخانه‌ها وارد شود تا با سربازان به گفتگو بپردازد. در تمام این موارد، هرگز زور را بکار نخواهد برد و چنانچه زور بر ضد او بکار رود، به مقابله و مقاومت نخواهد پرداخت. در واقع او با رفتار خود حبس‌شدن و بکاربردن زور بر ضد خود را تشویق خواهد کرد. او در موقعی به چنین اقدامی دست خواهد برد که احساس کند آزادی شخصی ظاهری که از آن بهره‌مند است، برایش باری تحمل‌ناپذیر می‌باشد. پیش خود استدلال خواهد کرد که دولت فقط تا وقتی آزادی شخصی او را به‌عنوان یک فرد کشور رعایت می‌کند که از مقررات و دستورهای دولت اطاعت کند. یعنی بهایی که فرد برای آزادی شخصی خود می‌پردازد، اطاعت از مقررات دولت است. در این صورت اطاعت و پیروی از قوانین دولتی که سراسر یا قسمت عمده آن ظالمانه باشد، عملی غیراخلاقی برای آزادی فردی خواهد بود. فردی که بدین قرار به ماهیت زشت دولت پی می‌برد، طبعا از زندگی در چنین وضع رنجباری راضی نخواهد بود و عکس‌العمل نشان خواهد داد، درحالی‌که در نظر دیگران که اعتقادات او را ندارند، مزاحمی برای جامعه به‌شمارمی‌رود. اما او می‌کوشد بدون نقض مقررات اخلاقی، دولت را مجبور سازد که او را به حبس بیفکند. بدین قرار مقاومت از طریق نافرمانی غیر مسلحانه، نیرومندترین تجلی دلتنگی و آزردگی روحی و فصیح‌ترین وسیله بیان برای اعتراض نسبت به ادامه وجود دولتی ناصالح می‌باشد. در واقع تاریخ نشان می‌دهد که تمام اصلاحات به همین وضع صورت پذیرفته است. مصلحان بزرگ حتی با وجود اعتراض‌های*

پیروانشان، مظاهر اعمال ناپسند را بی‌اعتبار می‌ساختند و از قبول آنها سرپیچی می‌کردند." [۱]

گاندی نافرمانی عمومی و مسالمت‌آمیز را کانون و منبع قدرت می‌داند و می‌گوید:

"فرض کنیم که تمام مردم نخواهند قوانینی را که در یک مجمع قانونگذاری تصویب می‌شود، قبول کنند و آماده باشند که رنج عواقب ناشی از اجرا نکردن این قوانین را هم بپذیرند. در این صورت تمام دستگاه قانونگذاری و دستگاه اجرایی وابسته به آن از کار خواهد افتاد." [۲]

گاندی علاوه بر روش نافرمانی از قوانین ناعادلانه، از روش «عدم‌همکاری» بهره می‌گیرد و آنرا وسیله‌ی مبارزه خشونت‌پرهیز می‌داند. او در این‌باره سخنی جاودانه دارد که: *"زمانی فرا می‌رسد که عدم‌همکاری به اندازه همکاری وظیفه هر کس می‌شود."* [۳]

او همکاری ارادی با انگلیسی‌ها را خیلی بیش از تفنگ‌های انگلیسی مسئول اسارت و تابعیت مردمان هند می‌داند.[۴] گاندی درباره عدم‌همکاری می‌نویسد:

"معنی عدم‌همکاری براساس قانون تحمل رنج آن‌است که ما باید هواداری خود را از حکومتی که بر خلاف میل ما حکومت می‌کند، بازگیریم و طبعا باید آماده باشیم که داوطلبانه خسارات و ناراحتی‌هایی را که عواقب این کار خواهد بود، بپذیریم.

ما نباید در انتظار آن بمانیم که بدکاران به مقامی ارتقا یابند که به بدی کار خود پی ببرند و بدی‌ها و نادرستی‌های کار خود را اصلاح کنند. ما نباید از ترس این که مبادا خودمان یا دیگران گرفتار رنج شویم، در بدکاری خطاکاران سهیم شویم، بلکه باید از راه قطع کمک‌های مستقیم یا غیرمستقیم خود به

۱- مرجع پیشین، صفحات ۴۰۲ تا ۴۰۴

۲- مرجع پیشین، صفحه ۳۸۵

۳- مرجع پیشین، صفحه ۳۷۸

۴- مرجع پیشین، صفحه ۳۹۶

خطاکاران، به مبارزه با بدی بپردازیم. اگر پدری در خانه خویش ظالمانه رفتار می‌کند، وظیفه فرزندانش آن است که خانه پدری را رها کنند. اگر مدیر یک مدرسه، مدرسه خود را با روشهای خلاف اخلاق اداره می‌کند، شاگردان باید آن مدرسه را ترک گویند. اگر شهرداری فاسد و نادرست است، اعضای انجمن شهر باید با استعفای خویش، درستی خود و عدم شرکت خود را در نادرستی‌های او اثبات کنند. به همین قرار اگر حکومتی مرتکب بی‌عدالتی عظیمی می‌شود، مردم آن باید همکاری خود را به طور کامل یا نسبی از آن مضایقه کنند تا حکومت ظالم را از بدکاری‌اش بازدارند. در هر یک این موارد فرضی نیز، عنصر تحمل رنج روحی و جسمی وجود دارد. بدون یک چنین تحمل رنج، غیر ممکن است که آزادی بدست آید." [1]

نهایتا آنکه گاندی تمامی کسانی را که با بی‌توجهی خود، حکومت را در انجام کارهای نادرست یاری می‌رسانند، مسئول می‌داند. از نظر او "بیشتر مردم از ماشین پیچیده و غامض حکومت سر در نمی‌آورند. آنها توجه ندارند که وقتی فرد از آن جهت که از وضع حکومت اطلاع ندارد خاموش و آرام می‌ماند، خودبخود به ثبات آن کمک می‌دهد. به این جهت هر فرد در مسئولیت هر اقدامی که دولتش انجام می‌دهد به سهم خود شریک است. بسیار طبیعی خواهد بود تا موقعی که اعمال حکومت قابل تحمل است، مورد حمایت افراد باشد؛ اما موقعی که روش حکومت موجب زیان فرد و ملت باشد، وظیفه هر فرد آن‌است که از هواداری حکومت خودداری کند."[2]

***

در جمع بندی نظرات گاندی می‌توان ویژگی‌های زیر را برای نافرمانی مدنی و عدم‌همکاری در اندیشه و روش مبارزاتی وی برشمرد:

- مقاومت مسالمت‌آمیز از راه تحمل رنج شخصی؛
- مبارزه مدنی به شکل عمل مستقیم و اقدام فعالانه؛
- تاکید بسیار بر عدم بکارگیری خشونت؛

۱- مرجع پیشین، صفحات ۴۰۰ و ۴۰۱

۲- مرجع پیشین، صفحه ۳۹۷

- بی‌عملی در برابر بدی، بدتر از خشونت است؛
- پاک بودن ابزار مبارزه همانند اهداف؛
- نافرمانی مدنی، حق مسلم شهروندان است؛
- نافرمانی از قوانین غیراخلاقی به شکل صمیمانه، احترام آمیز و توام با خویشتن‌داری؛
- پذیرش مجازات سرپیچی از قانون؛
- نافرمانی عمومی و جمعی، کانون و منبع قدرت است؛
- وظیفه هر فرد، عدم‌همکاری با حکومت ظالم است؛

۴- مارتین لوترکینگ (۱۹۲۹-۱۹۶۸)

مارتین لوترکینگ، یکی از رهبران مشهور جنبش ضد تبعیض نژادی علیه سیاهان در آمریکا، از مبارزان و نظریه‌پردازان عدم‌خشونت و نافرمانی مدنی به‌شمار می‌آید که با استفاده از روش‌های مبارزه مسالمت‌آمیز، جنبش مبارزات مدنی در آمریکا را رهبری کرد.

او در سال ۱۹۴۴ که تحصیلاتش را در دانشگاه آتلانتا شروع کرد با تحقیقات ثورو در مورد سرپیچی از قوانین و نافرمانی مدنی آشنا شد. او دراین‌باره می‌گوید:

"عدم پذیرش همکاری با تشکیلات ناصواب که مورد تاکید ثورو قرار گرفته بود، مرا شیفته این نوشته کرد و چنان تاثیر عمیقی در من بوجود آورد، که چندین بار به مطالعه کتاب ترغیب شدم. در حقیقت این اولین تماس معنوی من با مساله عدم‌خشونت بود." ۱

او سپس با زندگی و اندیشه مهاتما گاندی و تولستوی آشنا شد و از نظریه عدم‌خشونت گاندی بسیار تاثیر پذیرفت: "در نتیجه به جایی رسیدم که برای اولین بار احساس کردم که اگر اصول و شرایع مذهب مسیح در مورد دوستی با روش مسالمت‌آمیز و عدم‌خشونت گاندی درآمیزد، بهترین حربه‌ای خواهد بود که یک ملت ستمدیده و رنج‌کشیده، می‌تواند در ستیز برای کسب آزادی از آن بهره گیرد." ۲

لوترکینگ به مبارزه بدور از خشونت در تمامی مراحل فکری و مبارزاتی خویش پایبندی نشان می‌دهد تا جایی‌که او طی سخنانی پرشور در رویارویی با سیاهانی که در پی بمب‌گذاری در خانه‌اش دست به تظاهراتی خصمانه زده بودند، اظهار می‌دارد:

"در این جنبش انسانی باید انتقامجو نباشیم؛ اگر سلاح بدست گرفته‌اید، آنرا کنار بگذارید، اگر اسلحه ندارید، هرگز در پی بدست‌آوردن آن نباشید. به

۱- کتاب «مارتین لوترکینگ»، هوبرت ژربو، ترجمه فریدون حاجتی، صفحه ۱۴۵
۲- مرجع پیشین

شما خاطر نشان می‌سازم که به جای اسلحه از محبت استفاده کنید، در غیر این‌صورت، هیچگاه پیروز نخواهیم شد، بدانید هر گاه که محبت نقصان یابد، اسلحه مطرح می‌شود. عزیزان من، پاسخ بی‌عدالتی ستیز انتقامجویانه نیست. من هرگز به انتقام معتقد نبوده و نیستم و به این مساله کاملا وقوف دارم که تنها با بکارگیری سلاحِ متانت و شکیبایی است که می‌توان حقوق مشروع سیاهان را استیفا کرد. ای هم‌نژادان من، سخن عیسی مسیح را بیاد آورید که فرمود: «هر کس که با شمشیر زندگی کند با شمشیر هلاک خواهد شد» ما سیاهان به خود می‌بالیم، چرا که تاکنون شکنجه شده‌ایم، اما هرگز شکنجه نکرده‌ایم."[۱]

لوترکینگ، کشیشی آزادی‌خواه بود که در راه مبارزه خویش مورد انتقاد بسیاری از کشیشان محافظه کار قرار می‌گرفت. او هنگامیکه در بیرمنگام در ایالت آلاباما به زندان افتاد، در پاسخ به هشت تن از کشیش‌های سپیدپوست که او را مورد خطاب و انتقاد قرار داده بودند که اعتراضات و درگیری‌ها تنها باید در دادگاه‌ها مطرح شوند و نه در خیابان، نامه مشهوری را نوشت که حاوی مهم ترین آرای او در باب نافرمانی مدنی است. در اینجا با استفاده از مطالب آن نامه به بررسی اجمالی نظرات او در این‌باره می‌پردازیم.[۲]

از نظر او در هر کمپین بی‌خشونتی چهار قدم پایه وجود دارد: ۱- جمع‌آوری شواهد و دلایل برای رسیدن به این که بی‌عدالتی وجود دارد؛ ۲- مذاکره؛ ۳- تزکیه نفس؛ ۴- عمل مستقیم. او با توضیح آنچه بر سیاهپوستان گذشته است، می‌گوید که ما چاره‌ای جز عمل مستقیم نداشتیم. لوترکینگ در توضیح چرایی «عمل مستقیم» می‌نویسد:

"ممکن است بپرسید «چرا عمل مستقیم؟ چرا تحصن و راه‌پیمایی؟ آیا مذاکره روش بهتری نیست؟» کاملا حق با شماست. در حقیقت هدف اصلی

۱- مرجع پیشین، صفحه ۹۲

۲- تمام مطالب ذکر شده در داخل گیومه در این قسمت (مگر آنکه مرجع دیگری ذکر شود)، از نامه مذکور است که ترجمه آن، توسط انجمن بدون مرز صورت گرفته و با کمی اصلاح و تلخیص آورده شده است.

عمل مستقیم، مذاکره است. عمل مستقیم بی‌خشونتی، در پی آن است که چنان بحرانی به وجود بیاورد و چنان تنشی پرورش دهد تا جناحی که حاضر به مذاکره نبود، مجبور شود با مسأله روبرو شود. باید بگوییم که به عنوان یک مبارز بی‌خشونتی، از «تنش» هراسی ندارم. من کاملا مخالف تنش‌های خشونت‌آمیز هستم، اما نوع خاصی از تنش بی‌خشونت، نه تنها سازنده است که برای رشد هم الزامی است."

او در پاسخ به کسانی‌که مبارزه او را نابهنگام می‌دانستند و سیاهان را دعوت به صبر می‌کردند، با یادآوری آنکه ۳۴۰ سال است که ما در پی رسیدن به حقوق قانونی و خدادادی خودمان هستیم، می‌گوید:

"ما با توجه به تجربیات تلخ خود دریافته‌ایم که آزادی هرگز به شکل داوطلبانه به وسیله سرکوبگر داده نمی‌شود، سرکوب‌شونده باید آن را بخواهد. من بارها کلمه «صبر کنید» را شنیده‌ام. این «صبر» در اینجا تقریبا به معنای «هرگز» است. چنین گرایشی از بدفهمی زمان ناشی می‌شود، از اندیشه‌ای غیرعقلانی که معتقد است چیزی در جریان زمان، همه بیماری‌ها را حل خواهد کرد. اما در حقیقت زمان خنثی است، از آن می‌توان به شکلی سازنده یا مخرب استفاده کرد. ما باید از زمان خلاقانه استفاده کنیم، چرا که زمان همیشه آماده برای انجام عمل درست است."

او با ذکر زجرهایی که در طول تمامی سالهای تبعیض نژادی بر رنگین پوستان رفته است، نشان می‌دهد که چرا دیگر امکان صبر کردن وجود ندارد.[۱]

۱- *"اما هنگامی که جمعیتی وحشی، مادران و پدران شما را زجرکش می‌کند؛ هنگامی که برادران و خواهران شما را از روی هوی و هوس غرق می‌کنند؛ هنگامی که پلیس وحشیانه شما را کتک می‌زند یا حتی به قتل می‌رساند، به فقر برادران سیاه خود در جامعه‌ای مرفه پی می‌برید. زبان خودتان را الکن می‌بینید و حرف‌هایتان در گلو می‌خشکد وقتی به دنبال راهی هستید که برای دختر شش ساله‌تان توضیح دهید چرا نمی‌تواند به پارک تفریحی عمومی برود، در حالی که تبلیغات آن از تلویزیون پخش می‌شود، و اشک‌هایی را می‌بینید که از چشمان او جاری می‌شود وقتی به او گفته می‌شود شهر بازی به روی کودکان رنگین‌پوست بسته است، وقتی که ابرهای بدیمن پستی در آسمان زیبای ذهن او شکل می‌گیرد و تخریب شخصیت او را می‌بینید که نفرت به سفیدپوستان را در خود می‌پرورد، هنگامی که مشغول رانندگی هستید و*

لوترکینگ دربرابر این پرسش که «چگونه از شکستن برخی قوانین حمایت می‌کنید و در مقابل از برخی قوانین تبعیت می‌کنید؟» اینگونه پاسخ می‌دهد:

"ما دو نوع قانون داریم: عادلانه و ناعادلانه. من با سنت آگوستین هم عقیده ام که «قانون ناعادلانه، اصلا قانون نیست». اما دوباره این سؤال پیش می‌آید که کدام قانون عادلانه و کدام ناعادلانه است؟ قانون عادلانه قاعده‌ای انسان‌ساخته است که با قوانین اخلاقی و قانون الهی مطابقت دارد. قانون ناعادلانه قاعده‌ای است که با قوانین اخلاقی هماهنگی ندارد. به گفته سنت توماس آکیناس، قانون ناعادلانه، قانونی انسانی است که در قانون جاودانه و قانون طبیعی ریشه ندارد. هر قانونی که شخصیت انسان را تعالی بخشد، عادلانه است، و هر قانونی که شخصیت انسان را تنزل دهد، ناعادلانه است. کلیه قوانین تبعیض‌آمیز ناعادلانه اند؛ زیرا روح را آلوده و شخصیت را تخریب می‌کند."

از نظر لوترکینگ قانون در برخی موارد در ظاهر عادلانه و در عمل ناعادلانه است. او به عنوان مثال می‌گوید:

"من به دلیل راه‌پیمایی بدون مجوز دستگیر شده‌ام. وجود قانونی برای اجباری بودن مجوز راه‌پیمایی، هیچ اشکالی ندارد. اما چنین قانونی وقتی ناعادلانه می‌شود که برای حفظ تبعیض و نفی حقوق اولیه شهروندی، مانند اجتماع و اعتراض مسالمت‌آمیز بکار رود."

مارتین لوترکینگ با تاکید بر اینکه هرگز مدافع بی قانونی و آنارشیسم که موجب هرج و مرج می‌شود نیست، خصوصیات یک فرد نافرمان مدنی را این‌گونه برمی‌شمارد:

"کسی که قانون ناعادلانه را می‌شکند، باید علنی و صمیمانه آنرا انجام دهد و با رضایت کامل جریمه و مجازات را بپذیرد. من معتقدم فردی که قانونی را که وجدان به او می‌گوید ناعادلانه است، می‌شکند و به این دلیل به زندان

می‌خواهید شب را در جایی استراحت کنید و هیچ متلی حاضر نیست شما را بپذیرد. شاید آن موقع متوجه شوید چرا برای ما این قدر مشکل است که صبر کنیم."

می‌رود تا وجدان جامعه را نسبت به ناعادلانه بودن آن آگاه گرداند، در واقع
بیشترین احترام را برای قانون قایل است."

او برای نشان دادن آنکه فرمانبری از قانون همواره نمی‌تواند عملی درست
باشد، به اعمال هیتلر اشاره و یادآوری می‌کند:

"ما نباید فراموش کنیم همه آنچه هیتلر انجام داد، کاملا «قانونی» و همه
آنچه مبارزان آزادیخواه مجارستانی انجام دادند، «غیرقانونی» بود. در زمان
هیتلر پناه دادن یهودیان غیرقانونی بود. اما من مطمئن هستم اگر من در آن
زمان در آلمان زندگی می‌کردم، به برادران یهودی‌ام کمک می‌کردم و به آنها
پناه می‌دادم. اگر امروز من در یک کشور کمونیستی زندگی می‌کردم که گرایش
به اصول اولیه مسیحیت سرکوب می‌شد، کاملا داوطلبانه، نافرمانی از قوانین
ضدمذهبی آنجا را تبلیغ می‌کردم."

البته نباید فراموش کرد که مارتین لوترکینگ، اگر چه بر ضد قوانین
تبعیض نژادی در امریکا مبارزه می‌کرد و در این راه روشهای نافرمانی مدنی و
عدم‌همکاری را بکار می‌گرفت، لیکن او ساختار و نظام حاکم بر امریکا را که بر
مبنای آزادی و دموکراسی پایه گذاشته شده بود، قبول داشت و وجود نابرابری
نژادی را انحرافی در اجرای اصول اساسی قانون اساسی می‌دانست. او در یکی از
مشهورترین سخنرانی‌های خود که با نام «رویایی دارم» معروف است، می‌گوید:

"زمانی که معماران جمهوری ما، عبارات متعالی قانون اساسی و اعلامیه
استقلال را تقریر می‌کردند، بر ضمانت‌نامه‌ای صحه گذاشتند که هر آمریکایی
وارث آن بود. این مکتوب، تعهدی بود بر این امر که همه انسان‌ها - آری همه
انسان‌ها، چه سیاه و چه سفید- از حقوق ضروری حیات و آزادی بهره‌مند
خواهند بود و خواهند توانست به دنبال سعادت خود باشند." [۱]

او با تاکید بر لزوم اجرای درست قانون اساسی آمریکا و اعلامیه آزادی که
صد سال پیشتر توسط لینکلن انتشار یافته بود، آرزو می‌کرد که:

۱- سخنرانی مارتین لوترکینگ درباره آزادی سیاهان، ترجمه: جلال توکلیان، روزنامه شرق

"روزی ما تمام ملت را به سوی سرچشمه‌های عظیم دموکراسی برخواهیم گرداند؛ همانها که توسط نیاکانمان در قالب قانون اساسی و اعلامیه استقلال به شکلی عمیق بنیان گذارده شده اند."

مارتین لوترکینگ در راه مبارزه خویش، نیروهای میانه‌رو را که به نظم بیش از عدالت اهمیت می‌دهند، مانع جدی‌تری از افراطیون، برای رسیدن به آزادی می‌دانست. کسانی که صلح و آرامش منفی را که عدم حضور تنش است را به صلح و آرامش مثبت که حضور عدالت است، ترجیح می‌دهند. کسانی که می‌گویند: «من با اهداف شما موافقم، ولی نمی‌توانم با روش‌های عمل مستقیم شما موافق باشم.»

از نظر او تفاهم ظاهری و سطحی افرادِ با حسن نیت، بسیار آزاردهنده تر از مخالفت مطلق دشمنان است: "استقبال نه چندان گرم، بسیار دلسرد کننده تر از پس زدنی رک و راست می‌باشد."

درحالی‌که مبارزه لوترکینگ با روش عدم‌خشونت بود و او بر این امر بسیار تاکید داشت، اما با این انتقاد مواجه می‌شد که اقدامات او نهایتا موجب تنش وباعث بروز خشونت می‌شود. او در پاسخ به منتقدان می‌گوید:

"مایی که درگیر عمل مستقیم بی‌خشونتی می‌شویم، به وجودآورندگان تنش نیستیم. ما تنها تنش‌های پنهان را به سطح می‌آوریم. ما آن را به نقطه‌ای می‌آوریم که دیده شود و بتوان با آن روبرو شد. در نوشته خود گفته‌اید که اقدامات ما، هر چند مسالمت‌آمیز، اما به سمت خشونت کشیده می‌شود. آیا این بحث غیرمنطقی نیست؟ آیا مانند محکوم کردن یک فرد مال‌باخته به جرم این که مالکیت پولش، موجب عمل دزدی شده، نیست؟ جامعه باید مال‌باخته را حمایت و دزد را مجازات کند."

او در برابر کسانی‌که وی را افراطی می‌خواندند می‌گوید:

"من بسیار ناامید شدم از این که افراطی خوانده شوم، اما پس از آن که به آن فکر کردم، کمی احساس خشنودی و رضایت کردم. آیا مسیح در عشق‌ورزی افراطی نبود؟ بنابراین سؤال این نیست که آیا ما افراطگرا هستیم یا نه. مسأله

این است که در عشق افراطی باشیم یا در نفرت. برای حفظ نابرابری افراطی باشیم یا برای آرمان عدالت؟"

لوترکینگ از روش مبارزه بدور از خشونت خود قاطعانه دفاع می‌کند و یادآور می‌شود:

"اگر بی‌خشونتی نبود خیابان‌ها پوشیده از خون می‌شد. مظلومان تا ابد مظلوم باقی نمی‌مانند و اگر انرژی آنها از طریق بی‌خشونتی آزاد نشود، به خشونت روی می‌آورند؛ و این یک تهدید نیست، یک حقیقت تاریخی است."

او با ابراز ناامیدی از عملکرد کلیسا در حمایت از جنبش مدنی مبارزه با تبعیض نژادی، از آنان به‌دلیل حمایت و قدردانی از عملکرد پلیس انتقاد می‌کند و می‌نویسد:

"شما به گرمی از نیروی پلیس برای «ایجاد نظم» و «جلوگیری از خشونت» تشکر کرده‌اید. بعید می‌دانم اگر شما سگ‌های پلیس را که دندان‌هایشان را در بدن سیاهان بی‌سلاح و غیر خشن فرو می‌کردند می‌دیدید، پلیس را تحسین می‌کردید. شک دارم اگر رفتار غیرانسانی آنها را نسبت به سیاهان در زندان شهر می‌دیدید، آنها را تحسین می‌کردید. درست است که رفتار پلیس با معترضین، حدی از نظم و ترتیب را بدست آورده است و بدین منظور، آنها خود را نسبتا غیرخشن در مجامع عمومی نشان داده‌اند، اما برای چه منظوری؟ برای حفظ نظام شیطانی تبعیض."

لوترکینگ همانند گاندی معتقد بود که در راه مبارزه، ابزار مورد استفاده مبارزان باید به اندازه اهداف، خالص باشد. اما از سوی دیگر اعمال به‌ظاهر درست پلیس در حفظ وضعیت ناعادلانه را نیز به نقد می‌کشد و می‌گوید:

"من تلاش کرده‌ام تا مشخص کنم استفاده از ابزار غیراخلاقی برای دستیابی به اهداف اخلاقی نادرست است. اما حال من باید تاکید کنم که استفاده از ابزار اخلاقی به‌منظور حفظ اهداف غیراخلاقی امری بسیار ناپسند است. چنان که تی. اس. الیوت می‌گوید: «بزرگترین خیانت آن است که کنشی درست، برای انگیزه‌ای نادرست انجام پذیرد»."

و بدین‌گونه است که شباهت بسیاری در اندیشه و روش مارتین لوترکینگ و گاندی دیده می‌شود و از این‌روست که بسیاری از نویسندگان به او «گاندی سیاه» لقب داده‌اند.[۱]

***

در جمع بندی نظرات لوترکینگ می‌توان ویژگی‌های زیر را درباره نافرمانی مدنی در اندیشه و روش مبارزاتی وی برشمرد:

- پایبندی به مبارزه بدور از خشونت در تمامی مراحل فکری و مبارزاتی؛
- هدف اصلی مبارزه مدنی، وادار کردن حاکمان به مذاکره با معترضان است؛
- قانون ناعادلانه، قاعده‌ای انسان‌ساخته که با قوانین اخلاقی و قانون الهی مطابقت ندارد؛
- عدالت (صلح و آرامش مثبت) مهمتر از نظم (صلح و آرامش منفی) است؛
- مخالفت با بی قانونی و آنارشیسم؛
- نقض قانون ناعادلانه به شکل علنی و صمیمانه؛
- پذیرش جریمه و مجازات با رضایت کامل؛
- آگاه کردن وجدان جامعه نسبت به ناعادلانه بودن قوانین؛
- پذیرش قانون اساسی و ساختار نظام دموکراتیک حاکم؛
- اجتناب‌ناپذیر بودن خشونت در صورت ادامه نابرابری و سرکوب مبارزه بدور از خشونت؛
- خالص بودن ابزار مبارزه همانند اهداف مبارزه؛

۱- کتاب «مارتین لوترکینگ»، صفحه ۶۴

۵- هانا آرنت (۱۹۷۵-۱۹۰۶)

هانا آرنت، فیلسوف و نظریه‌پرداز سیاسی آلمانی(- آمریکایی) در سال ۱۹۷۰، یعنی دو سال پس از ترور لوترکینگ، در مقاله‌ای با عنوان «نافرمانی مدنی» که درکتابی با عنوان «بحرانهای جمهوری» در آمریکا به چاپ رسید، به بحث در باره این موضوع (و به‌طور ویژه در آمریکا) می‌پردازد.

او در این مقاله بیشتر به مساله‌ی نافرمانی در آمریکا و نحوه‌ی مواجهه نظام حقوقی ایالات متحده با آن پرداخته است، اما قسمتهایی از این مقاله که خصوصیات نافرمانی مدنی را در دیدگاه او نشان می‌دهد، در اینجا ذکر می‌شود.

آرنت با اشاره به خصوصیت علنی بودن نافرمانی مدنی، درباره‌ی تمایز آشکار بین این عمل و نافرمانی مجرمانه می‌نویسد:

"در سراسر جهان بین عمل مجرمانه بدور از انظار عمومی و نافرمانی مدنی که از قانون به شکل علنی سرپیچی می‌کند، تفاوت وجود دارد. این اختلاف بین نقض آشکار قانون که بصورت علنی انجام می‌گیرد با شکلی که مخفیانه صورت گیرد، آنقدر واضح است که تنها می‌تواند توسط غرض‌ورزان یا بدخواهان انکار شود." [1]

او درباره منشا این روش اعتراضی بر این عقیده است که *"نافرمانی مدنی، از دل مسئولیت اخلاقی شهروندان در قبال قانون، در جامعه‌ای مبتنی بر رضایت بر می‌آید."* از نظر او *"نافرمانی مدنی عملی انقلابی نیست. آنان که در نافرمانی شرکت می‌جویند، ساختار کلی و مشروعیت نظام حقوقی و قضایی را قبول دارند. با اینهمه، هم انقلابیون و هم آنهایی که در نافرمانی مدنی شرکت می‌جویند، می‌خواهند جهان را تغییر دهند. حاصل نافرمانی مدنی می‌تواند بعضا شبیه انقلاب باشد، چنانکه مثال گاندی نشان می‌دهد. اما نافرمانی مدنی مبتنی بر رضایت است، مبتنی بر «حمایت فعالانه و مشارکت مداوم در همه مسائل مربوط به منافع عمومی» است."* [2]

۱- مقاله Civil Disobedience از کتاب Crises of the Republic، صفحه ۷۵

۲- کتاب «فلسفه هانا آرنت»، صفحه ۱۶۳

آرنت نافرمانی مدنی را از «اعتراض وجدانی» (یا «مخالفت وجدانی»)
متمایز می‌کند. یک فرد به تنهایی می‌تواند به قانون یا سیاستی بنا بر وجدانش
اعتراض کند، اما نافرمانی مدنی مستلزم این است که فرد، عضوی از یک گروه
باشد. او می‌گوید آنهایی که در یک نافرمانی مدنی شرکت می‌جویند، اعضای
گروههای سازمان یافته‌ای هستند که عقیده‌ای مشترک آنها را به هم پیوند
می‌دهد و بر اساس آن، همراه با هم در برابر حکومت می‌ایستند. او می‌نویسد:
"عمل هماهنگ آنها از توافق با هم سرچشمه می‌گیرد و همین توافق است که
به عقیده آنان استواری باور و اعتقاد را می‌دهد و مهم نیست که در اصل چگونه
به چنان عقیده‌ای رسیده‌اند. اینان در عین اینکه می‌دانند متعلق به جامعه‌ای
مبتنی بر رضایت هستند، اما خودِ این رضایت، موکول به حق نارضایتی است."[۱]

او بیان می‌دارد که نقض قانون در نافرمانی مدنی، نمی‌تواند بر مبنای
«قانون برتر» یا «وجدان شخصی» - چه بر مبنای ایمان مذهبی و چه باوری
سکولار - صورت پذیرد، زیرا که درآنصورت هر شخصی و به هر دلیلی می‌تواند
از هر قانونی سرپیچی کند.[۲] او خاطر نشان می‌سازد که:

"اگر وجدان شخصی را مبنا قرار دهیم، چگونه می‌توان اقدام لوترکینگ را
از فرماندار وقت می‌سی‌سی‌پی [که جنبش ضد تبعیض نژادی را به شدت
سرکوب می‌کرد]، موجه‌تر دانست، درحالی‌که فرماندار نیز عمیقا به هدف
خویش ایمان داشته و حاضر بوده به‌خاطرش به زندان برود."[۳]

از نظر آرنت، نافرمانی مدنی - که آخرین شکل مشارکت داوطلبانه است -
هنگامی روی می‌دهد که تعداد قابل توجهی از شهروندان، بدین نتیجه می‌رسند
که راههای عادی تغییر، دیگر عمل نمی‌کنند و شکایتها شنیده و رسیدگی
نمی‌شوند.[۴]

۱- مرجع پیشین، صفحات ۱۶۲ و ۱۶۳
۲- مقاله Civil Disobedience از کتاب Crises of the Republic، صفحات ۵۶ و ۵۷
۳- مرجع پیشین، صفحه ۶۴
۴- مرجع پیشین، صفحه ۷۴

او همچنین یادآور می‌شود که در میان تمامی ابزارهای مختلفی که ممکن است در نافرمانی مدنی برای مجاب کردن یا برانگیختن افکار عمومی بکار گرفته شود، «خشونت» است که می‌تواند باعث شود تا نافرمانان به‌عنوان افرادی شورشی خوانده شوند و از این‌رو یکی از ویژگی‌های اصلی پذیرفته‌شده برای نافرمانی مدنی، عدم‌خشونت است.[۱]

مقاله آرنت اگر چه به تعریف و بررسی دقیق مشخصات نافرمانی مدنی نمی‌پردازد و بیشتر به مساله چگونگی توجیه‌پذیری و مواجهه سیستم قانون‌گذاری امریکا با این پدیده اشاره دارد، ولی حاوی طرز نگاه دیگری به نافرمانی مدنی است که آن‌را تنها به منظور حصول «توافق اجتماعی» بر سر قانون یا سیاست‌های جاری، قابل قبول می‌داند (و نه بر مبنای قضاوتی «اخلاقی و وجدانی» نسبت به قوانین) و مشخص است که این طرز نگرش، متفاوت از دیدگاه اندیشمندان و مبارزانی است که نظراتشان در قسمت‌های پیش ذکر شد.

***

در جمع بندی نظرات آرنت می‌توان ویژگی‌های زیر را برای نافرمانی مدنی در اندیشه وی برشمرد:

- تفاوت آشکار بین نافرمانی مدنی و نافرمانی مجرمانه؛
- علنی بودن نافرمانی مدنی؛
- الزام عدم‌خشونت در نافرمانی مدنی؛
- نافرمانی مدنی، زاده شده از مسئولیت اخلاقی شهروندان در جامعه‌ای مبتنی بر رضایت؛
- قبول داشتن ساختار کلی و مشروعیت نظام حقوقی توسط نافرمانان؛
- الزام گروهی و جمعی بودن نافرمانی مدنی؛
- نافرمانی مدنی بر مبنای «توافق اجتماعی» و نه بر مبنای «قانون برتر» یا «وجدان شخصی»؛
- توجیه‌پذیری نافرمانی مدنی و غیر قابل توجیه‌بودن مخالفت وجدانی؛
- نافرمانی مدنی، آخرین شکل اعتراض پس از ناکامی راه‌های عادی تغییر؛

۱- مرجع پیشین، صفحات ۷۶ و ۷۷

۶- جان رالز (۱۹۲۱-۲۰۰۲)

جان رالز، فیلسوف آمریکایی معاصر و از نظریه‌پردازان معروف نافرمانی مدنی است. او در کتاب مشهور خود، نظریه‌ای در باب عدالت، در چند بخش به تعریف، توجیه‌پذیری و نقش نافرمانی مدنی پرداخته است. در اینجا نظرات او درباره نافرمانی مدنی را به‌طور مختصر بررسی خواهیم کرد.[۱]

او در ابتدای مطلب خود تاکید می‌کند که نظریه او فقط برای شرایط مخصوصی از یک جامعه نسبتا عادلانه طرح می‌شود؛ جامعه‌ای که از بسیاری لحاظ بسامان است، اما با این وجود در آن برخی موارد نقض جدی عدالت روی می‌دهد و از آنجا که فرض می‌کند که یک وضعیت نسبتا عادلانه نیازمند یک سیستم حکومتی دموکراتیک است، از این‌رو این نظریه نقش و اقتضای نافرمانی مدنی را در برابر یک قدرت دموکراتیک مشروع، مورد بحث قرار می‌دهد و برای دیگر انواع حکومت‌ها یا دیگر آشکال اعتراض یا مبارزه - مگر به‌طور نادر- بکار نمی‌رود. او یادآوری می‌کند که:

"من این نوع اعتراض را در راستای عمل و مبارزه ستیزه‌جویانه به‌عنوان تاکتیکی برای تغییر یا حتی سرنگونی یک سیستم فاسد و ناعادلانه مطرح نمی‌کنم. [بلکه] مساله نافرمانی مدنی که من آنرا تفسیر خواهم کرد، فقط در یک دولت دموکراتیک کم و بیش عادلانه و توسط شهروندانی صورت می‌گیرد، که مشروعیت قانون اساسی را پذیرفته و آنرا به‌رسمیت می‌شناسند."

او این سوال را طرح می‌کند که *"آیا میتوان در شرایطی وظیفه پیروی از قوانین وضع‌شده توسط قانون‌گذاران را به‌خاطر دفاع از آزادیهای فردی و مبارزه با بی‌عدالتی تعطیل کرد؟"* و از آنجا که این سوال با ماهیت و محدودیت‌های قانون وضع شده توسط اکثریت درگیر می‌شود، از نظر رالز مساله نافرمانی مدنی یک آزمون بسیار سخت برای نظریه‌های دموکراسی است.

۱- تمامی مطالب این قسمت که داخل گیومه آمده ترجمه بخش هایی از مقاله Definition and Justification of Civil Disobedience نوشته جان رالز در کتاب Civil Disobedience in Focus صفحات ۱۰۳ تا ۱۱۳ است.

رالز نافرمانی مدنی را این‌گونه تعریف می‌کند که *"یک اقدام علنی، غیر خشونت‌آمیز، وجدانی (شرافت آمیز) و البته سیاسی و برخلاف قانون است که معمولا باهدف ایجاد تغییری در قانون یا سیاستهای دولت انجام می‌گیرد."* این عمل باید حس عدالت‌خواهی اکثریت را خطاب قرار دهد. او ذکر می‌کند که از تعریف «بیدو»[1] از نافرمانی مدنی پیروی می‌کند و از نظر او این تعریف از معنایی که توسط مقاله ثورو استنباط می‌شود، کمی دقیق‌تر است. رالز با بیان این مطلب که بعضی از نویسندگان معاصر مانند «هوارد زین»[2]، نافرمانی مدنی را به شکلی کلی‌تر به‌عنوان «نقض عمدی و مشخص قانون برای یک خواسته اجتماعی مهم» تعریف کرده‌اند، می‌گوید که من برداشت محدودتر را می‌پسندم.

او در ادامه نوشته خود، به تفسیر قسمتهای مختلف این تعریف می‌پردازد و می‌نویسد:

"تفسیر اولیه از این تعریف آن است که در نافرمانی مدنی، قرار نیست که الزاما قانونی که به آن اعتراض وجود دارد، نقض گردد (بلکه ممکن است از قانون دیگری سرپیچی شود). از این‌روست که بعضی از این اعمال، نافرمانی مدنی مستقیم و برخی غیرمستقیم نام می‌گیرند.

تفسیر دوم این است که نافرمانی مدنی، عملی واقعا برخلاف قانون دانسته می‌شود و دستکم در نظر کسانی‌که به آن اقدام می‌ورزند، تنها نمایشی ساده از محک زدن یک حکم قانونی نیست. آنها آماده مخالفت با قانون هستند حتی اگر آن قانون، [از نظر قانونگذاران] الزاما بایدرعایت شود. کسانی‌که به نافرمانی برای اعتراض به قوانین ناعادلانه اقدام می‌ورزند، درصورتیکه دادگاهها هم نهایتا با آنها مخالفت کنند، حاضر به دست‌کشیدن از آن نیستند، هر چند که امید دارند دادگاهها به نفع آنها رای دهند."

رالز در ادامه یادآور می‌شود که *"نافرمانی مدنی عملی سیاسی است، نه تنها از این نظر که اکثریتی صاحب قدرت سیاسی را مخاطب قرار می‌دهد، بلکه*

۱- Hugo Adam Bedau

۲- Howard Zinn

به‌خاطر اینکه عملی است که توسط اصول سیاسی- یعنی اصول عدالت که به‌طور کلی قانون اساسی و نهادهای اجتماعی را سامان می‌بخشد - هدایت و توجیه‌پذیر می‌شود."

او خاطر نشان می‌سازد که "در توجیه نافرمانی مدنی، فرد به اصول اخلاقی شخصی یا تعالیم مذهبی متوسل نمی‌شود، هر چند که اینها می‌توانند هم‌راستا و پشتیبان مطالبات او باشند. نیازی به گفتن نیست که نافرمانی مدنی، نمی‌تواند فقط بر پایه نفع شخصی یا گروهی استوار شود؛ در عوض فرد نافرمان به اصل عمومی عدالت که مبنای نظام سیاسی باید باشد، استناد می‌کند."

از نظر او "نکته دیگر این است که نافرمانی مدنی یک عمل علنی است. این عمل نه تنها اصولی آشکار را مورد توجه قرار می‌دهد، بلکه به شکل علنی نیز صورت می‌پذیرد. نافرمانی مدنی با هشداری منصفانه و به طور آشکار صورت می‌گیرد و به‌طور مرموز و مخفیانه انجام نمی‌شود. این عمل ممکن است که با سخنرانی عمومی و شکلی از مخاطب قرار دادن و ابراز عقیده سیاسی که در یک گردهمایی عمومی انجام می‌گیرد، مقایسه شود."

به این دلیل، رالز نتیجه می‌گیرد که درمیان دیگر انواع اعتراضات، نافرمانی مدنی غیر خشونت‌آمیز است. "در این عمل سعی می‌شود که از بکارگیری خشونت مخصوصا در برابر افراد اجتناب شود و این نه به خاطر بیزاری از بکارگیری زور از نظر اخلاقی، بلکه به دلیل آن‌است که نافرمانی مدنی، آخرین شکل ابراز نظر فرد می‌باشد. اقدام به اعمال خشونت‌آمیز که احتمال مجروح کردن و صدمه زدن به دیگران در آن باشد، با نافرمانی مدنی به‌عنوان شکلی از مخاطب قرار دادن دیگران ناسازگاری دارد. در حقیقت، ایجاد هر گونه تزاحمی با آزادی‌ های مدنی دیگران، باعث مخدوش کردن وجهه نافرمانی مدنی می- شود."

رالز بیان می‌دارد که نافرمانی مدنی به‌دلیل دیگری نیز غیر خشونت‌آمیز است. از نظر وی "این عمل، سرپیچی از قانون را درحین وفاداری به روح قانون ابراز می‌دارد. از یک قانون سرپیچی می‌شود، اما به‌خاطر علنی بودن و غیر خشونت‌آمیز بودن ذاتی این عمل و با تمایل به پذیرفتن پی‌آمدهای قانونی

نافرمانی، وفاداری به ذات قانون نشان داده می‌شود. این وفاداری به قانون کمک می‌کند تا به اکثریت ثابت شود که این عمل حقیقتا از نظر سیاسی شرافتمندانه و صادقانه است و با قصد بیدار کردن حس عدالت در عموم مردم انجام می‌گیرد. علنی و غیر خشونت‌آمیز بودن کامل نافرمانی مدنی، خلوص‌نیت فرد را نشان می‌دهد، زیرا که متقاعد کردن دیگران به اینکه اعمال فرد نافرمان نه به‌خاطر نفع شخصی بلکه از روی وجدان صورت می‌گیرد، امر آسانی نیست."

او در ادامه به تفاوت بین نافرمانی مدنی و دیگر روشهای اعتراضی می‌پردازد و می‌نویسد:

"نافرمانی مدنی طوری تعریف شده است که مابین «اعتراض قانونی» از یک سو و «خودداری وجدانی» و دیگر انواع اعتراض از سوی دیگر قرار می‌گیرد. در میان انواع اعتراضات، نافرمانی مدنی شاخص نوعی اعتراض وفادارانه به قانون است. نافرمانی مدنی آن‌گونه که توصیف شد، کاملا از اقدام ستیزه‌جویانه و ایجاد انسداد متمایز می‌شود و با مقابله قهری سازمان‌یافته بسیار فاصله دارد. یک مبارز ستیزه‌جو ضدیت بسیار عمیق‌تری با سیستم سیاسی موجود دارد. او سیستم را به هیچ‌وجه عادلانه یا معقول نمی‌داند. او یا معتقد است که سیستم کاملا از اصول اعلام کرده خود عدول کرده یا اینکه سیستم بر درک غلطی از عدالت استوار شده است. درحالی‌که عمل او از نظر خودش وجدانی است، اما به‌دنبال متوسل شدن به حس عدالت اکثریت (یا کسانی‌که قدرت سیاسی موثر دارند) نیست، زیرا که فکر می‌کند احساس آنها از عدالت نادرست یا ناکارآمد است. در عوض او به‌وسیله اقدامات ستیزه‌جویانه و مانند آن، با مقاومت کردن و ایجاد اختلال، به‌دنبال هدف قرار دادن نگاه رایج به عدالت یا وادار نمودن حاکمان به اقدامی در راستای تغییر است. بنابر این یک ستیزه‌گر می‌کوشد تا زیر بار مجازات نرود، زیرا او حاضر نیست که پی‌آمدهای قانونی تخطی از قانون را بپذیرد. او نه تنها نمی‌خواهد بدلخواهِ نیروهایی که به آنها اعتماد ندارد رفتار کند، بلکه نمی‌خواهد به قانون اساسی که با آن مخالف است، مشروعیت ببخشد. از این لحاظ اقدام ستیزه‌جویانه، پایبند وفاداری به قانون نیست، بلکه مخالفتی اساسی‌تر نسبت به نظم قانونی موجود را نشان می‌دهد. یعنی اینگونه تصور

می‌شود که ساختار سیاسی موجود، آنچنان ناعادلانه است یا آن‌قدر از ایده‌آل‌های اولیه اش بدور افتاده که فرد باید راه را برای تغییرات رادیکال و حتی انقلابی آماده سازد. این امر با تلاش در بالابردن آگاهی مردم نسبت به ضرورت ایجاد اصلاحات بنیادین انجام می‌پذیرد. در نتیجه در شرایطی مشخص، اقدام ستیزه‌جویانه و دیگر انواع مقاومت یقینا توجیه‌پذیر هستند."

جان رالز در ادامه بحث خود، برای روا بودن (توجیه‌پذیر بودن) نافرمانی مدنی شروطی (سه شرط و یک ملاحظه عملی) را ذکر می‌کند که عبارتند از:

۱- نافرمانی مدنی باید تنها در برابر نقض اساسی و آشکار عدالت صورت پذیرد و هر نوعِ بی‌عدالتی، نمی‌تواند توجیه‌گر نافرمانی مدنی باشد. تجاوز جدی به اصل اول عدالت - اصل برابری آزادی (= هر شخصی باید دارای حق برابر برخورداری از حداکثر آزادی، سازگار با آزادی برای همه افراد، باشد) - و نقض فاحش بخش دوم از اصل فرصت برابر (= نابرابری های اقتصادی و اجتماعی باید متعلق به موقعیت ها و مناصبی باشند که به‌طور منصفانه و برابر بر همگان گشوده باشد)- را می‌توان پیش فرضهای روا بودن نافرمانی مدنی دانست.

۲- درصورتی‌که درخواست از اکثریت، روشهای اعتراض قانونی و تظاهرات هیچ یک نتیجه‌بخش نبوده باشد. در نتیجه نافرمانی مدنی باید به عنوان اقدام آخر باشد؛ البته ممکن است در مواردی نقض اصول عدالت آن‌چنان شدید باشد که استفاده از ابزارهای قانونی در ابتدا، بی‌مورد به‌نظر برسد.

۳- اگر نافرمانی اقلیتی مشخص روا باشد، در آن‌صورت نافرمانی هر اقلیت دیگری هم در شرایط مشابه رواست. این شرط بدین منظور گفته می‌شود که ممکن است چندین گروه مختلف همزمان دو شرط قبلی برای نافرمانی مدنی را داشته باشند و در نتیجه اگر همگی آنها اقدام به نافرمانی مدنی کنند، ممکن است موجب بی‌نظمی شدیدی شود که بنیان قانون اساسی عادلانه را سست کند. از این‌رو دامنه نافرمانی مدنی باید تا آنجا باشد که منجر به فروپاشی سیستم قانونی دموکراتیک نگردد. راه حل ایده‌آل برای این حالت، همبستگی و همکاری سیاسی گروههای معترض، جهت مهار کردن سطح کلی اعتراضات است.

۴- حق نافرمانی مدنی- با در نظر گرفتن سه شرط فوق- باید موقعی بکار گرفته شود که موجب جذب چشمگیر اجتماع وسیع‌تری گردد و در انظار عمومی مورد قبول واقع شود. در بکارگیری این حق، باید احتمال معقولی از پیشبرد اهداف و پیروزی وجود داشته باشد.

***

در جمع بندی نظرات رالز می‌توان ویژگی‌های زیر را برای نافرمانی مدنی و توجیه درستی آن در اندیشه وی برشمرد:

- بکارگیری نافرمانی مدنی در برابر یک قدرت دموکراتیک مشروع؛
- نافرمانی مدنی، اقدامی علنی، غیر خشونت‌آمیز، وجدانی(شرافت آمیز) و البته سیاسی و برخلاف قانون؛
- خطاب قرار دادن حس عدالت‌خواهی اکثریت؛
- امکان وجود هر دو شکل نافرمانی مدنی مستقیم و غیرمستقیم؛
- عدم توسل نافرمانی مدنی به اصول اخلاقی شخصی یا تعالیم مذهبی؛
- نافرمانی مدنی، درحین وفاداری به قانون اساسی دموکراتیک؛
- نافرمانی مدنی، مابین اعتراض قانونی و مقابله قهری؛
- نافرمانی مدنی، تنها در برابر نقض اساسی و آشکار عدالت؛
- نافرمانی مدنی، اقدام آخر پس از بی‌نتیجه‌بودن روشهای اعتراض قانونی؛
- نافرمانی مدنی، به شرط عدم فروپاشی سیستم قانونی دموکراتیک؛
- نافرمانی مدنی، به شرط جذب اجتماع وسیع مردم و احتمال معقولی از پیشبرد اهداف و پیروزی؛

۷- یورگن هابرماس (۱۹۲۹)

یورگن هابرماس، فیلسوف سرشناس آلمانی درباره چرایی نافرمانی مدنی و چگونگی مواجهه ساختار حاکم با این رفتار اعتراضی مقاله مشهوری دارد که در این قسمت به چکیده‌ای از نظرات او می‌پردازیم.

هابرماس در نوشته خود با استناد به نظرات جان رالز، درباره خصوصیات نافرمانی مدنی و سه شرط او برای روا بودن نافرمانی مدنی، نظر خود را در این‌باره چنین ابراز می‌دارد:

"متوسل شدن به حس و انگیزه عدالت‌خواهیِ اکثریت شهروندان، مسلما از مشخصات اصلی این عمل است. نافرمانی مدنی اعتراضی اخلاقا «موجه» است که تنها بر مبنای اعتقادات شخصی یا منافع فردی برپا نشده است. این یک اقدام «علنی» و مانند یک قرارِ از پیش اعلام شده است و پلیس می‌تواند در هنگام روی‌دادن، آنرا کنترل کند. این عمل «تخطی عمدی» از قوانین خاصی است، بدون آنکه بخواهد نفس اطاعت از نظم قانونی موجود را به‌طور کلی زیر سوال برد. این عمل «آمادگی پذیرفتن عواقب قانونی» سرپیچی از دستورات را دارد. قانون‌شکنی به‌وسیله نافرمانی مدنی، «ویژگی نمادین» منحصربه‌فردی دارد که همان پایبندی به «عدم‌خشونت» است." [۱]

هابرماس با ذکر دو نظر متضاد درباره‌ی عدم‌خشونت و مقتضیات آن (که یکی از آنها بکارگیری زور و ایجاد فشار روانی بر مخالفان و آسیب رساندن به دیگران را روا و دیگری ناروا می‌داند)، تاکید می‌کند که مناقشه بر سر تعریف دقیق اصل خشونت، نباید ما را از بحث اصلی نظریه رالز منحرف سازد.

"هابرماس نافرمانی مدنی را «سنگ محک بلوغ نظام دموکراتیک» ارزیابی می‌کند. وی در مقابل این پرسش که چرا باید در یک نظام دموکراتیک مبتنی بر حکومت قانون، نافرمانی مدنی امری موجه باشد، پاسخی نه حقوقی، بلکه

۱- بخش های داخل گیومه از ترجمه مقاله زیر است (مگر اینکه منبع دیگری ذکر شود)
Civil Disobedience: Litmus Test for the Democratic Constitutional State
در Berkley Journal of Sociology صفحات ۱۰۰ و ۱۰۱

فلسفی می‌دهد. به نظر هابرماس، یک نظام مدرن دموکراتیک مبتنی بر حکومت قانون، نه فقط از درجهٔ مشروعیت بسیار بالایی برخوردار است، بلکه همچنین به چنین مشروعیتی نیازمند است. دولت دموکراتیک نمی‌تواند از شهروندان خود انتظار داشته باشد که همواره به دلیل ترس از کیفر، از قوانین موجود تبعیت کنند، بلکه آنان می‌باید که قوانین را به‌طور داوطلبانه و در خدمت نفع عمومی رعایت نمایند. از آنجا که حتی در نظام دموکراتیک مبتنی بر حکومت قانون، امکان خطا در تنظیم قواعد مشروع و لذا تبدیل آنها به قواعد نامشروع وجود دارد، باید امکان نافرمانی مدنی نیز وجود داشته باشد. دولت دموکراتیک باید بپذیرد که نافرمانی مدنی، امری خلاف قانون به معنای متعارف کلمه نیست."[۱] هابرماس تصریح می کند که"*نافرمانی مدنی، جزو ضروریات یک فرهنگی سیاسی بالغ است که در آن دولت پذیرفته که مردم تنها بخاطر مشروعیت ساختار حقوقی موجود از آن فرمانبرداری میکنند و نه علت دیگری.*"

او در نهایت به این جمع بندی می‌رسد که "*حق نافرمانی مدنی بین مشروع بودن و قانونی بودن معلق می‌ماند. اما حکومتی قانون‌مند که نافرمانی مدنی را به‌عنوان یک جرم عادی تحت تعقیب قرار دهد، مفتون یک قانون‌پرستی خودکامه گشته است.*"

هابرماس یادآوری می‌کند "*شعار «قانون، قانون است» و «امر اجباری، اجباری است» که توسط قضات بیان شده، توسط روزنامه نگاران ترویج شده و توسط سیاستمداران پذیرفته شده، از ذهنیتی مشابه با طرز فکر آن قاضی دوران نازیسم سرچشمه می‌گیرد که معتقد بود آنچه روزی قانون بوده است، برای همیشه باید قانون باقی بماند.*"

***

در جمع بندی نظرات هابرماس می‌توان ویژگی‌های زیر را برای نافرمانی مدنی و توجیه درستی آن در اندیشه وی برشمرد:

- استناد به نظرات جان رالز؛
- متوسل شدن به حس و انگیزه عدالت خواهی اکثریت شهروندان؛

۱- مقاله «جستاری دربارهٔ نافرمانی مدنی»، بهرام محیی

-   نافرمانی مدنی، یک اقدام علنی و از پیش اعلام‌شده باید باشد؛
-   نافرمانی مدنی، اعتراضی اخلاقا موجه و متفاوت از یک جرم عادی است؛
-   اعتراضی فراتر از اعتقادات شخصی یا منافع فردی؛
-   سرپیچی عمدی از دستورات قانونی خاص؛
-   آمادگی پذیرفتن عواقب قانونی؛
-   قبول نفس اطاعت از نظم قانونی موجود؛
-   اعتراضی با روش عدم‌خشونت؛
-   نافرمانی مدنی، سنگ محک بلوغ نظام دموکراتیک است؛

۸- رونالد دورکین (۱۹۳۱-۲۰۱۳)

رونالد دورکین فیلسوف معاصر آمریکایی است که نظریات مشهوری درباره‌ی فلسفه حق و عدالت دارد. او در یکی از مقالاتش که در سال ۱۹۸۶ چاپ شده است، به بحثی مدون درباره نافرمانی مدنی می‌پردازد و با دسته‌بندی خاص خود، مشخصات هر یک را بیان می‌کند که در اینجا چکیده‌ای از نظرات او ذکر می‌شود. [۱]

دورکین با تاکید بر تفاوت آشکار نافرمانی مدنی با «اعمال مجرمانه عادی که با انگیزه‌های خودخواهانه یا ناشی از عصبانیت یا جنون انجام می‌گیرند»، می‌نویسد:

«*نافرمانی مدنی در خصوص کسانی صدق پیدا می‌کند که اقتدار سیاسی را آن چنان بنیادین (یعنی مشروعیت آن را) به مبارزه نمی‌طلبند. آنان نه برای خود و نه برای دیگران وظیفه‌ی پی‌جویی یک گسست یا تغییر قانون اساسی را قایل نیستند. آنان مشروعیت بنیادین حکومت و جامعه را پذیرفته‌اند. آنان نمی‌خواهند وظیفه‌ی شهروندی خود را کنار بگذارند، بلکه به دنبال انجام درست آن هستند.*»

او بر این عقیده است که «*باید بکوشیم یک تئوری پیرامون نافرمانی مدنی بپرورانیم که بتواند به ما بگوید، مردم در عمل بایستی چه کنند، حتی اگر درباره‌ی خردپسند یا عادلانه‌بودن قانونی که از آن نافرمانی می‌کنند، اختلاف‌نظر ماهوی جدی داشته باشند؛ یعنی بایستی نظریه‌مان درباب نافرمانی مدنی را، بر «نوع» قضاوت‌های طرف‌های درگیر در اختلاف بنا نهیم و نه بر درستی یا غلطی قضاوت‌های آنان. نظریه‌ای این‌چنینی را می‌توانیم یک تئوری «عملی» از نافرمانی مدنی بنامیم.*»

دورکین بدین منظور دو سوال متفاوت و مجزا را طرح می‌کند:

«*نخستین سوال این است: هنگامی که مردم بر این باورند که یک تصمیم سیاسی، غلط یا به نحوی غیراخلاقی است، چه کاری می‌توانند بکنند که کاری*

۱- تمام مطالب این قسمت تلخیصی از مقاله نافرمانی مدنی نوشته دورکین از کتاب «حق و مصلحت» صفحات ۱۲۳ تا ۱۴۷ می‌باشد.

درست و برحق باشد. دوم این سوال که: حال اگر مردم به این رسیدند که باید تصمیم مزبور (قانون) را نقض کنند، ولی اکثریتی که حکومت نماینده‌ی آن‌هاست بر این باورند که قانون مزبور قانونی صحیح و درست است، در این صورت حکومت چه عکس‌العملی باید داشته باشد؟"

او در پاسخ به سوال اول به تفکیک بین سه نوع نافرمانی مدنی می‌پردازد و این‌گونه هر یک را شرح می‌دهد:

"کسی که معتقد است خودداری از کمک به برده‌ی فراری که به او پناه آورده و بدتر از آن تحویل وی به مقامات صلاحیت‌دار عملی بسیار غلط است، الزامات قانون برده‌ی فراری را غیراخلاقی می‌داند. تمامیت شخصیتی وی و وجدان او مانع از پیروی از قانون مزبور می‌شوند. سربازان نظام‌وظیفه که در جنگی قرار دارند که آن را جنگ ظالمانه و شر می‌دانند، در موقعیتی مشابه قرار دارند. نافرمانی افراد در این شرایط را نافرمانی «درستی- بنیاد» می‌نامم. آن‌هایی که طی جنبش حقوق مدنی قانون را نقض کردند و بسیاری از شهروندانی که در اعتراض به جنگ ویتنام قانون‌شکنی کردند، می‌پنداشتند که اکثریت به طور ناعادلانه به دنبال منافع و اهداف خود بوده است، چرا که حقوق دیگران، حقوق اقلیت داخل کشور در مورد جنبش حقوق مدنی و حقوق یک ملت دیگر در مورد جنگ ویتنام، پایمال شده است. این نافرمانی را نافرمانی «عدالت- بنیاد» می‌نامم.

هر دو نوع نافرمانی که تاکنون ذکرشان رفت، نافرمانی‌های برآمده از اعتقاد به «اصول» می‌باشند، اگرچه به طرق گوناگون. نوع سومی از نافرمانی وجود دارد که برآمده از قضاوت‌های مرتبط با «سیاست» می‌باشد. برخی اوقات مردم قانون را نقض می‌کنند نه به این دلیل که فکر می‌کنند قانون مزبور، به روشی که توضیح دادیم، غیراخلاقی یا ناعادلانه است، بلکه به این دلیل که می‌پندارند آن قانون بسیار ناعاقلانه، احمقانه و برای اکثریت و اقلیت هر دو خطرناک است. اعتراضات بر علیه استقرار موشک‌های آمریکایی در اروپا، تا آن‌جا که آن اعتراضات ناقض قوانین داخلی بودند، مصادیق نوع سوم نافرمانی مدنی بوده‌اند که آن را نافرمانی «سیاست- بنیاد» می‌نامم."

او سپس درباره قیود لازم برای موجه نمودن هر یک از این سه نوع نافرمانی مدنی به بحث می‌نشیند و می‌نویسد:

"نوع اول نافرمانی را در نظر آورید که قانون از مردم انجام چیزی را خواسته است که وجدان آنان مطلقاً ممنوع می‌دارد. تقریباً همه موافقند که مردم در این‌چنین موقعیتی، اگر با توجه به اعتقاداتشان قانون‌شکنی کنند، کار درستی انجام داده‌اند. به سختی می‌توان قید دیگری را در این‌جا برای یک تئوری عملی تصور کرد. برای نمونه نمی‌توان یک قید دوم (و البته جذاب) را اضافه کرد که شهروندان بایستی حتما تمامی راه‌های عادی سیاسی را که احتمال تغییر سیاست‌های مورد اعتراض آنان را می‌دهند، طی کرده باشند. نافرمانی درستی- بنیاد، عموماً در حالت‌های اورژانسی مطرح می‌شود. فردی که از او خواسته می‌شود برده را به برده‌گیران بازگرداند، اگر اطاعت کند بازی را کاملاً باخته است و دیگر سودی ندارد که قانون خیلی زود بعد از آن تغییر کند. قید دیگری مطرح می‌شود که معقول‌تر می‌نماید. یک تئوری ممکن است بر این اصرار ورزد که عامل نافرمانی، بایستی پیامدها را در نظر بگیرد و اگر نافرمانی موجب بدتر شدن اوضاع می‌شود، بهتر است نافرمانی نکند. ولی احتیاط نتیجه‌گرای این‌چنینی نیز محل اختلاف است. اگر کسی قانون‌شکنی کند و بر اثر آن واکنشی منفی به وجود آید که افراد عادی بیشتر کشته شوند یا افراد بیشتری به بردگی گرفته شوند، نسبت به زمانی که قانون‌شکنی نکرده بود، آیا در این صورت باید به کشتن مردم عادی در ویتنام و بازگرداندن برده‌ها کمک کند؟ شاید مردم این حق اخلاقی را داشته باشند که حتی زمانی که می‌دانند در نتیجه‌ی استنکاف آنان از انجام یک شر، شرهای بیشتری نتیجه می‌شوند، باز هم از انجام آن خودداری کنند.

اما در نافرمانی عدالت- بنیاد قطعاً بر شرایطی که در حالت نافرمانی درستی- بنیاد رد کردیم، می‌توانیم اصرار بورزیم. اشخاص بایستی تمامی راه‌های عادی سیاسی را برای تغییر برنامه‌های مورد اعتراض‌شان از طرق مندرج در قانون اساسی طی کنند. آنان نبایستی تا زمانی که این راه‌های عادی سیاسی امید موفقیت را از بین نبرده‌اند، دست به قانون‌شکنی بزنند. همچنین بایستی بر قید نتیجه‌گرا که برای

نافرمانی درستی- بنیاد مشکل‌زا بود، اصرار ورزیم؛ قیدی که در مورد نافرمانی عدالت- بنیاد ضروری و صادق است."

از نظر دورکین *"دو شرط یادشده، فرق مهمی را بین دو نوع اول از نافرمانی منعکس می‌سازد. نافرمانی درستی- بنیاد از یک حالت تدافعی برخوردار است. هدف آن تنها این است که فرد کاری را که وجدانش منع می‌کند، مرتکب نشود. در مقابل، نافرمانی عدالت- بنیاد امری مهم و استراتژیک است؛ به هدفی کلی چشم دوخته است و به دنبال برچیدن یک برنامه‌ی سیاسی غیراخلاقی است. از این رو قیود نتیجه‌گرا، در تئوری نوع دوم ظاهر می‌شوند ولی در تئوری‌های نوع اول جایی ندارند."*

او سپس تفکیک دیگری را درباره نافرمانی عدالت- بنیاد بر مبنای دو نوع استراتژی برای رسیدن به اهداف سیاسی طرح می‌کند و می‌گوید:

"نافرمانی عدالت- بنیاد می‌تواند از دو نوع استراتژی برای رسیدن به اهداف سیاسی خود استفاده کند. استراتژی اول را می‌توان یک استراتژی «ترغیبی» نامید. بدین معنا که امیدواری وجود دارد که اکثریت را به گوش دادن به دلایل مخالف با برنامه‌هایش وادار کنند، با این انتظار که در نهایت، اکثریت نظرش عوض شده و دیگر از برنامه‌های مزبور حمایت نکند. استراتژی دوم آن‌گاه، یک استراتژی «غیرترغیبی» است. هدف، دیگر ایجاد تغییر در ذهن اکثریت نیست، بلکه هدف بالا بردن هزینه‌ی پیگیری برنامه‌ای است که هنوز اکثریت طرفدار آن است؛ با این امید که اکثریت هزینه‌ی مزبور را تا حد غیرقابل قبولی بالا ببینند. برای نمونه، اقلیت می‌تواند با وادار کردن اکثریت به انتخاب میان رها کردن برنامه یا زندانی کردن اقلیت، هزینه را بالا ببرد. استراتژی‌های غیرترغیبی افراطی‌تر عبارتند از ارعاب، ترس و اضطراب. بین دو نوع استراتژی غیرترغیبی ذکر شده (ایجاد هزینه یا دردسر) موارد زیر را می‌توان آورد: متوقف ساختن ترافیک شهری، ایجاد مانع بر سر راه واردات یا برهم زدن جریان عادی کار یا به تعطیلی کشاندن دفاتر و ادارات دولتی."

دورکین با ذکر این نکته که استراتژی‌های ترغیبی به موجه‌سازی نافرمانی عدالت- بنیاد کمک می‌رسانند، این سوال را مطرح می‌کند که *"آیا می‌توان شرایطی*

را تصور کرد که استراتژی‌های غیرترغیبی را موجه سازند؟" او در پاسخ این پرسش می‌نویسد:

"اگر کسی معتقد باشد که یک برنامه‌ی خاص دولتی عمیقاً ناعادلانه است و اگر نظام سیاسی هیچ‌گونه امید واقع‌بینانه‌ای را باقی نگذارد که آن برنامه به زودی تغییر خواهد کرد، اگر امکان هیچ‌گونه نافرمانی مدنی ترغیبی موثر وجود نداشته باشد، اگر روش‌های غیر ترغیبی و غیرخشونت‌آمیز وجود داشته باشد که احتمال معقول موفقیت آن‌ها می‌رود، اگر خطر نتیجه‌ی عکس در این روش‌ها نباشد، آن‌گاه استفاده‌ی آن کس از این روش‌ها کار درستی خواهد بود. نظر فوق ممکن است در نگاه برخی خیلی ضعیف بنماید، ولی تمامی قیودی که لیست کرده‌ام، ضروری به نظر می‌رسند."

دورکین در ادامه درباره موجه بودن نافرمانی‌سیاست- بنیاد نیز می‌نویسد:

"تفکیک میان استراتژی‌های ترغیبی و غیرترغیبی در ارتباط با نافرمانی سیاست- بنیاد مهم‌تر ازهمان تفکیک در مورد نافرمانی عدالت- بنیاد می‌باشد، زیرا به نظر می‌رسد استراتژی‌های غیرترغیبی سیاست- بنیاد را، در یک تئوری عملی نافرمانی مدنی، هرگز نتوان موجه ساخت. زیرا بیشتر مردم می‌پذیرند که «اصل حاکمیت اکثریت» از عناصر اساسی دموکراسی است، یعنی این اصل که اگر نماینده‌گان اکثریت قانونی را وضع کردند، اقلیت نیز بایستی از آن پیروی کنند."

به همین دلیل از نظر او *"استراتژی‌های ترغیبی، چه در نافرمانی عدالت- بنیاد و چه در نافرمانی سیاست- بنیاد، در این‌جا از مزیت قابل توجهی برخوردارند. کسی که هدفش ترغیب اکثریت به تغییر نظر از طریق استدلال‌های درست و منطقی می‌باشد، آشکارا اصل حاکمیت اکثریت را به هیچ‌وجه به مبارزه نمی‌طلبد. استراتژی‌های غیرترغیبی فاقد مزیت یاد شده می‌باشند و برای همین است که، بخصوص در یک نظام دموکراتیک، همیشه از جذابیت اخلاقی پایینی برخوردارند."*

در پاسخ به سوال دوم ابتدای مقاله که حکومت چگونه باید با شخص نافرمان برخورد کند، دورکین به بحث مجازات می‌پردازد و با یادآوری این نکته که هر دو طرف در این‌باره باید متعادل برخورد کنند، می‌گوید:

"نباید بگوییم که اگر کسی با اتکا بر باورهایش در قانون‌شکنی موجه است، دولت هم نباید او را مجازات کند. از آن طرف، خطای مقابل این نیز به همان اندازه بد است. نبایستی بگوییم اگر کسی به هر دلیل قانون‌شکنی کرده، بدون توجه به این‌که انگیزه‌های او تا چه حد شرافتمندانه بوده است، حتما و همیشه بایستی مجازات شود چرا که قانون، قانون است."

دورکین در پاسخ به اینکه چه وقت حکومت بایستی از قدرت خود در برابر نافرمانی مدنی استفاده کند، شرط لازم و ضروری برای مجازات عادلانه را بیان می‌کند که «هیچ‌کس را نباید کیفر داد، مگر این که چنین کاری در کل و در درازمدت و با بررسی همه‌ی جوانب، نفعی به بار آورد.»

او در پایان درخواست داوطلبانه مجازات توسط نافرمانان را مورد پرسش قرار می‌دهد و می‌نویسد:

"من معتقدم سقراط اشتباه می‌کرد که می‌پنداشت نافرمانی مدنی بدون مجازات، بدون این که فرد نافرمان خود را معرفی کند و بگوید: «من قانون جامعه را نقض کرده‌ام، مجازاتم کنید» ناقص است. از نافرمانی درستی- بنیاد آغاز کنیم: نظر یادشده در این مورد صحیح نیست. کسی که به برده‌گیران یا به جنگی که غیراخلاقی می‌داند کمک نکرده، اگر عمل وی پوشیده بماند و هیچ‌وقت کشف نشود، هدف او به بهترین وجه تامین می‌شود. وقتی نافرمانی عدالت- بنیاد یا سیاست- بنیاد مطرح است، مجازات می‌تواند بخشی از استراتژی قرار گیرد. اگر یک نافرمانی مدنی بتواند بدون مجازات به هدف خود برسد، بنابراین عدم مجازات آن برای همه بهتر است."

او در خاتمه یادآور می‌شود که زمانی «یک برداشت مناسب از قانون می‌تواند حامی نافرمانی مدنی باشد» که دیدگاه پوزیتیویستی که می‌گوید «دادگاه‌ها همیشه درباره‌ی این که قانون چیست، درست قضاوت می‌کنند» را کنار بگذاریم

و بپذیریم که «سخن آخر» گفتن توسط دادگاه‌ها، ضرورتا به معنای «سخن درست» گفتن نیست.

***

در جمع بندی نظرات دورکین می‌توان ویژگی‌های زیر را برای نافرمانی مدنی و توجیه درستی آن در اندیشه وی برشمرد:

- تفاوت آشکار نافرمانی مدنی با اعمال مجرمانه عادی؛
- پذیرفتن مشروعیت بنیادین حکومت و قوانین اساسی توسط نافرمانان مدنی؛
- تفکیک سه نوع نافرمانی مدنی: *درستی- بنیاد، عدالت- بنیاد و سیاست- بنیاد*؛
- نافرمانی‌های درستی- بنیاد و عدالت- بنیاد برآمده از اعتقاد به اصول اخلاقی است؛
- نافرمانی درستی- بنیاد نیاز به طی کردن راه‌های عادی سیاسی و نتیجه‌گرا بودن ندارد؛
- نافرمانی عدالت- بنیاد پس از طی کردن تمام راه‌های عادی سیاسی و الزام نتیجه‌گرا بودن؛
- نافرمانی عدالت- بنیاد با دو نوع استراتژی ترغیبی و غیرترغیبی (ایجاد هزینه و دردسر)؛
- استراتژی ترغیبی به‌منظور تغییر دادن نظر اکثریت؛
- نافرمانی سیاست- بنیاد با قید در نظر گرفتن اصل حاکمیت اکثریت؛
- پذیرش مجازات توسط نافرمانان مدنی و مدارای حکومت در اِعمال مجازات؛
- غیرعلنی بودن و عدم درخواست داوطلبانه مجازات در نافرمانی درستی- بنیاد؛
- قبول داوطلبانه‌ی مجازات در نافرمانی عدالت- بنیاد یا سیاست- بنیاد، به‌عنوان بخشی از استراتژی مبارزه؛

۹- نلسون ماندلا (۱۹۱۸-۲۰۱۳)

در آخرین قسمت بررسی اجمالی نظرات اندیشمندان و مبارزان سیاسی، به دیدگاه و مشی عملی یکی از مبارزان مشهور معاصر، نلسون ماندلا، که الگوی جاودان در مبارزات مدنی بوده است، نظر می‌افکنیم. او که سالهای متمادی عمر خود را در راه دشوار مبارزه برای آزادی و برابری سپری کرد، نمونه‌ای است کم‌نظیر از بکارگیری روشهای مختلف مبارزاتی، از نافرمانی مدنی تا مبارزه قهرآمیز، که درعین‌حال منش صلح‌طلبانه و مسالمت‌جویانه خود را همواره حفظ نمود.

ماندلا در دوران جوانی به‌عنوان عضوی از کنگره‌ی ملی افریقا، مشی مبارزاتی بر اساس نافرمانی مدنی را پیشنهاد می‌دهد و "تا سال ۱۹۴۹، ماندلا موفق می‌شود که کنگره ملی آفریقا را به در پیش گرفتن برنامه‌هایی مبارزه‌جویانه‌تر برانگیزاند: به راه انداختن اعتصابها و تحریمهای توده‌ای و سرپیچی از قوانین سرکوب‌گر و ناعادلانه."[۱]

متحدان مبارز آفریقایی در سال ۱۹۵۲، اولین فعالیت نافرمانی مدنی با نام «مخالفت با قوانین ناعادلانه» را به راه انداختند که ماندلا به عنوان رهبر نهضت برگزیده شد. سیاهان آفریقای جنوبی به‌شدت از نهضت نافرمانی مدنی استقبال کردند و گروه گروه به زندان افتادند. آنها در دسته‌های منظم به مکانهایی که روی در ورودی آنها نوشته شده بود فقط اروپایی‌ها (از قبیل ایستگاههای قطار، پستخانه‌ها، و پارکها) وارد شدند. حکومت نظامی را که فقط برای محدود کردن رفت و آمدهای سیاهان برقرار شده بود، نادیده گرفتند. ماندلا یکی از بیست رهبر مبارزه بود که زندانی شد و تحت پیگرد قرار گرفت و به نه ماه زندان تعلیقی محکوم شد.[۲]

ماندلا نیز مانند همتای خود مارتین لوترکینگ، چالش خود را با قوانین ناعادلانه می‌دید. او در یکی از دفاعیاتش می‌گوید:

۱- کتاب «فریادآزادی»، صفحات ۳۱۷ و ۳۱۸

۲- مرجع پیشین، صفحه ۳۲۰

"باید بگویم که کل زندگی هر فرد اندیشمند آفریقایی در این کشور، همواره حول این محور متضاد می‌چرخد؛ از یک سو، وجدان او، و از سوی دیگر، قانون. قانونیکه از نظر ما، غیراخلاقی، غیرعادلانه و تحمل‌ناپذیر است. ما باید علیه چنین قانونی اعتراض کنیم، به پا خیزیم و بکوشیم تا بنیانش را براندازیم." [۱]

او که در ابتدا از روش مبارزاتی بدور از خشونت گاندی الهام می‌گرفت، بتدریج این روش را در راه مبارزه با آپارتاید، ناکارآمد یافت و در سال ۱۹۵۳ به این بدگمانی رسید که هر دو روش اعتراض قانونی و فراقانونی بزودی ناممکن خواهد گشت. در این‌باره او در خاطرات خود می‌نویسد:

"در هند گاندی با یک قدرت خارجی طرف بود که در نهایت بسیار واقع‌گراتر و عاقبت‌اندیش بود. درحالی‌که سفیدپوستان حاکمِ آفریقای جنوبی اینگونه نیستند. مبارزه‌ی منفی بدور از خشونت، موقعی موثر است که نیروی مقابلتان به قواعدی که شما به آن وفادار هستید، پایبند باشد. اما اگر اعتراض مسالمت‌آمیز مواجه با خشونت شود، سودمندی آن از بین می‌رود. برای من عدم‌خشونت یک اصل اخلاقی نبود، بلکه یک استراتژی بود. هیچ خیر اخلاقی در استفاده از یک سلاح ناکارآمد وجود ندارد."

او که این نظرات را در یک سخنرانی عمومی نیز طرح کرده بود، شدیدا مورد انتقاد اعضای کنگره قرار می‌گیرد و می‌گوید: "من انتقادها را پذیرفتم و از آن پس صادقانه از مشی عدم‌خشونت در انظار عمومی دفاع کردم، اما قلبا می‌دانستم که عدم‌خشونت راه حل نیست." [۲]

ماندلا در پی ادامه مبارزات، در سال ۱۹۵۶ به همراه دیگر رهبران مبارزه بازداشت و مورد محاکمه قرار می‌گیرد. در مرحله‌ای دادستان از او چنین می‌پرسد: «آیا فکر می‌کنید که دموکراسی مردمی شما، می‌تواند از طریق اصلاحاتی تدریجی تحقق پذیرد؟» ماندلا پاسخ می‌دهد:

۱- مرجع پیشین، صفحه ۳۲۳
۲- کتاب Long Walk to Freedom، صفحات ۱۸۲ و ۱۸۳

"به نظر من به این پرسش باید با ادای توضیحاتی پاسخ گفت. ما خواهان حق رای عمومی هستیم و برای تحقق این منظور آماده واردکردن فشارهای اقتصادی، مخالفت با قوانین ناعادلانه، ماندن در خانه چه به صورت فردی و چه جمعی هستیم. تا وقتی که بالاخره دولت بگوید: «آقایان ما دیگر نمی‌توانیم چنین وضعی داشته باشیم، که هر دم با قوانین مخالفت شود یا کارگران در خانه‌ها بمانند و تولید راه نیفتد. بیایید صحبت کنیم.» در آن مرحله صحبت می‌کنیم و اگر دولت بگوید که فعلا اروپایی‌تبارها آماده پذیرش تسلط حکومت غیر اروپایی‌ها نیستند و فعلا مناسب است که مثلا برای دوره‌ای ۵ ساله، ۶۰ نماینده سیاه به پارلمان برود، خواهیم پذیرفت و برای پنج سال از مبارزه و اعتصاب دست برخواهیم داشت تا در راس مدت[مقرر]، باز مذاکره را از سر بگیریم." [۱]

هنگامی‌که جریان این دادرسی طولانی به پایان رسید، قاضی در مارس ۱۹۶۱، اعلام کرد که توسل مبارزان به زور برای دادگاه اثبات نشده است. این رای نشانی از بلوغ نظام قضایی و حقوقی آن روز آفریقای جنوبی داشت. اما واکنش دولت متفاوت بود و بر میزان فشار و سرکوب افزود. ماندلا مدتی کوتاه پس از تبرئه شدن، در اوایل ۱۹۶۱ ناچار به فعالیت مخفی شد تا بتواند اعتصاب ماه می را سازمان دهد.[۲]

او در راه تحقق خواسته‌ی مردم برای تشکیل یک مجمع ملی به نخست‌وزیر وقت و نیز رهبر مخالفان در پارلمان نامه نوشت و از همه‌ی گروهها تقاضای حمایت کرد. در نامه اش می‌نویسد:

"حملات وحشیانه به حقوق و مبانی زندگی مردم آفریقا جای تاسف فراوان دارد. این شرایط خطرناک را فقط با تشکیل یک مجمع ملی متشکل از نمایندگان همه آفریقایی‌ها، به منظور تدوین یک قانون اساسی غیرنژادی و دموکراتیک، می‌توان مهار کرد. و چنانچه تا قبل از روز جمهوری در ۳۱ می ۱۹۶۱ چنین مجمعی تشکیل نشود، مردم در سراسر مملکت از روز ۲۹ می در

۱- کتاب «فریادآزادی»، صفحات ۳۲۶ و ۳۲۷

۲- مرجع پیشین، صفحه ۳۲۸

خانه‌های خود خواهند ماند. ما از تهدید و فشار و خشونتی که ارمغان شما و دولتتان است، نمی‌ترسیم." [۱]

در روز ۲۹ می خیابانهای ژوهانسبرگ تقریبا به‌کلی از آفریقاییان خالی بود. حتی پلیس نیز بعدا پذیرفت که حدود ۶۰ درصد از آفریقایی‌ها از خانه‌هایشان بیرون نیامده‌اند.

روز بعد با دعوت دو خبرنگار انگلیسی، ماندلا در پاسخ به این سوال که نظرش درباره اعتصاب و بیرون نیامدن از خانه و میزان موفقیت آن چیست؟ گفت:

"با توجه به اقدامات و پیشگیری‌ها و تهدیدات دولت و پلیس، آنچه گذشت موفقیتی شایان محسوب می‌شود. تار و پود صنعت و کشاورزی کشور به ما وابسته است، اما اگر دولت در برابر عدم‌خشونت ما متوسل به زور شود، ناچار به بازاندیشی جدی درباره‌ی تاکتیکهای خود خواهیم بود. دولت درصدد یک کشتار است و افریقایی‌ها، مردمان سرخورده و ناامید، سرانجام به نشان دادن واکنش برانگیخته خواهند شد. به نظر من، فصل مربوط به سیاست عدم‌خشونت را داریم می‌بندیم." [۲]

در اینجاست که ماندلا رسما با قانع کردن رهبران کنگره، مشی مبارزه را از روشهای مقاومت مدنی مسالمت‌آمیز به روشهای قهرآمیز تغییر می‌دهد.

"شش ماه بعد در دسامبر ۱۹۶۱ مبارزه بتدریج حالت خرابکاری گرفت و حمله‌های دقیق و سازمان یافته به تاسیسات دولتی آغاز شد. آغازگر این حملات گروه «نیزه ملت» بود که بعدها به شاخه نظامی کنگره ملی آفریقا تبدیل شد و ماندلا از اعضای پایه گذار و فرمانده کل این گروه بود."[۳]

ماندلا درباره اندیشه و تاملاتی که به تشکیل «نیزه ملت» و روکردن به مبارزه قهرآمیز انجامید، گفت:

۱- مرجع پیشین، صفحات ۳۳۰ و ۳۳۱

۲- مرجع پیشین، صفحه ۳۳۲

۳- مرجع پیشین، صفحه ۳۳۳

"دو راه بیشتر برای ما باقی نمانده بود: تسلیم‌شدن یا جنگیدن. تسلیم‌شدن اصلا مطرح نبود؛ پس راهی بجز جنگیدن باقی نمی‌ماند." ۱

ماندلا به اتهام تحریک آفریقایی‌ها به اعتصاب در ۱۹۶۱ و ترک کشور بدون مجوز قانونی محاکمه شد و در نوامبر ۱۹۶۲ به پنج سال زندان با اعمال شاقه محکوم گردید. او که دفاعش را خود عهده دار بود، در دادگاه چنین گفت:

"دولت مصمم است که بدون توجه به ما، بدون تماس با ما و بدون صحبت کردن با ما، ما را انقلابیونی وحشی و خطرناک، جماعتی که قصد اختلال و ایجاد آشوب دارد، معرفی کند و چنین جلوه‌گر سازد که لزوما باید به هر وسیله ممکن اعم از قانونی و غیرقانونی به سرکوب ما اقدام کند." و چنین فریاد زد:

"وقتی دوره‌ی زندانم به پایان رسد، باز به حرکت درخواهم آمد و به بهترین وجهی که بتوانم به مبارزه برای برانداختن همیشگی بی‌عدالتی‌ها ادامه خواهم داد." ۲

سال بعد (۱۹۶۳) با بازداشت دیگر رهبران مبارزه مخفی ضربه‌ای سخت به نهضت وارد آمد و ماندلا را به‌عنوان متهم شماره یک از زندان به دادگاه آوردند. ماندلا در دفاعیه‌ای تاریخی که با عنوان «من برای مرگ آماده هستم» شهرت یافت، اینگونه از سیر روش مبارزاتی خود دفاع کرد:

"قانون‌گذاران همه راههای قانونی را برای بیان مخالفت مسدود می‌کردند و ما خود را در شرایطی می‌دیدیم که یا باید وضعیت دایمی تحقیر را می‌پذیرفتیم یا در قبال بی‌عدالتی حکومت مقاومت می‌کردیم. ما سرپیچی از قانون را انتخاب کردیم اما بدون توسل به خشونت. فقط بعد از وضع قوانین جدید علیه روشهای ما و به‌دنبال تظاهرات قدرت‌مدارانه از طرف حکومت برای نابود کردن همه مخالفان سیاسی بود که تصمیم گرفتیم، جواب خشونت را با خشونت بدهیم.

لیکن خشونتی که ما انتخاب و اتخاذ کردیم، شبیه تروریسم نیست. همگی ما که گروه «نیزه ملت» را تاسیس کرده بودیم، عضو کنگره ملی آفریقا بودیم و

۱- مرجع پیشین، صفحه ۳۳۴

۲- مرجع پیشین، صفحات ۳۳۴ و ۳۳۵

برای حل کشمکش سیاسی بر اصول بدون خشونت و برپایه مذاکره تکیه می‌کردیم. اما پنجاه سال بدون خشونت هیچ چیزی برای مردم آفریقا به بار نیاورده بود، مگر قوانین بیش از پیش سرکوبگرانه و حقوق هر چه کمتر. اجتناب از مبارزه‌ی مسلحانه، اصول اعتقادی ما طی سالهای متمادی بوده است، اما به این دلیل تصمیم گرفتیم خشونت را در سیاستمان بگنجانیم، چون آگاه شده بودیم شاید یک روز رو در رو شویم و این آمادگی را باید برای آن روز کسب کنیم. از میان همه طرح‌ها، چهار شیوه را مطرح کردیم؛ خرابکاری، جنگ چریکی، تروریسم و نافرمانی آشکار. سپس اولین گزینه را انتخاب کردیم و مطمئن از انجام آن بودیم، بدون اینکه به روش دیگری متوسل شویم. با مشخص بودن پیشینه سیاسی ما، این انتخابی منطقی بود. خرابکاری با تباه‌کردن زندگی انسانها منافات داشت و از آن جلوگیری می‌کرد و آینده روابط نژادی امیدبخش را نابود نمی‌کرد." [۱]

ماندلا نهایتا به دادگاه اعلام کرد که *"اگر لازم است، برای من مرگ یک آرمان است و آماده پذیرش آن هستم. به همه آنچه گفته‌ام، فکر کرده‌ام. در این کشور، خون میهن‌پرستان بی‌شماری ریخته شده فقط برای اینکه رفتاری برابر و مساوی تقاضا می‌کردند."* [۲]

نهایتا بدون تقاضای فرجام از طرف مبارزان، دادگاه در ۱۹۶۴ در نتیجه فشارهای بین‌المللی، حکم حبس ابد، و نه اعدام، برای همه مبارزان صادر کرد.

ماندلا در زندان، دوباره برنامه تدافعی و نافرمانی قبلی را برقرار می‌کند. کمتر از همه تن به اطاعت می‌دهد. او دستور می‌دهد که هیچ وقت نباید به زندانبان‌ها چنانکه انتظار دارند، رییس گفت.[۳] او در زندان نیز دست از مبارزه نمی‌کشد و به مقاومتی فعال در آنجا نیز ادامه می‌دهد. وی که در سال ۱۹۶۶در یک اعتصاب غذای جمعی در زندان شرکت می‌کند، در این‌باره در خاطرات خود می‌نویسد:

۱- کتاب «نلسون ماندلا درس زندگی برای آینده»، صفحات ۱۹۶ و ۱۹۷

۲- مرجع پیشین، صفحه ۱۰۸

۳- مرجع پیشین، صفحه ۱۱۰

"از نظر من اعتصاب غذا در مجموع بسیار منفعلانه بود. ما تاکنون سختی زیادی را متحمل شده بودیم و سلامت خود را به خطر انداخته و مرگ را به جان خریده بودیم. من همواره طرفدار عمل فعالانه‌تر و شکل اعتراض شدیدتری مانند اعتصاب کار، اعتصاب کم‌کاری[1] یا خودداری از نظافت بودم، اعمالی که مقامات را تنبیه کند و نه خودمان را. آنها سنگ‌فرش می‌خواستند و ما سنگ‌فرش نمی‌ساختیم. آنها می‌خواستند که محوطه زندان تمیز باشد، ولی آنجا نامرتب بود. این نوع رفتار آنها را مضطرب و خشمگین می‌ساخت درحالی‌که بنظر من، آنها از دیدن گرسنگی ما در دلشان لذت می‌بردند."[2]

آنچه در تمامی مسیر مبارزات ماندلا دیده می‌شود، عنصری صلح‌طلبانه است؛ حتی گاهی که مبارزه به خشونت کشیده می‌شود، او همواره به مهار خشونت، پایبند می‌ماند و آنرا در قالب مقاومت مدنی حفظ می‌کند. او هنگامیکه پس از ۲۷ سال، در نتیجه ادامه مبارزات از زندان رهایی می‌یابد، در تظاهراتی در سال ۱۹۹۰ می‌گوید:

"همان طور که بیست و هفت سال پیش و در پشت میز محاکمه‌ی دادگاه گفتم و در روز آزادی خود از زندان تکرار کردم، تا زمانی که رژیم آپارتاید از خشونت علیه مردم ما استفاده می‌کند، کنگره‌ی ملی آفریقا نیز به مبارزه‌ی مسلحانه علیه این رژیم ادامه خواهد داد. باید توجه داشت که کادرهای ارتش خلقی ما نه تنها برای مبارزات نظامی، بلکه برای مبارزات سیاسی هم آموزش دیده‌اند. بنابراین افراد معدودی که به نام حمایت از مبارزه‌ی آزادی‌بخش ، به خشونت علیه خلق متوسل می‌شوند، نیروهای مشکوکی هستند که به جنبش ما تعلق ندارند. هواپیماربایی، آتش زدن وسایل نقلیه و آزار و اذیت مردم بی‌گناه، اقداماتی جنایت‌کارانه‌اند و جایی در مبارزات ما ندارند. ما این گونه اقدامات را محکوم می‌کنیم. سلاح اصلی ما در مبارزه علیه آپارتاید، سازماندهی مردم در سازمان‌های توده‌ای تحت عنوان «جنبش دمکراتیک» است. ما

۱- go-slow

۲- کتاب Long Walk to Freedom، خاطرات خود نوشته ماندلا، صفحه ۵۰۳

مبارزات خود را با سازماندهی خلق و نه استفاده از اقدامات خشونت‌آمیز علیه آنان به پیش می‌بریم.

من با قاطعیت کامل از شما می‌خواهم که با در نظر گرفتن شان و منزلت انسان و با سازماندهی و نظم کامل - آن چنان که شایسته‌ی مبارزات عادلانه‌ی ما برای کسب آزادی است - به مبارزه‌ی خود ادامه دهید. جشن‌های پیروزی باید در آرامش و فارغ از خشونت و آکنده از شادی و سرور برگزار شود. بگذارید با دوراندیشی سیاسی و برداشتن گام‌های شجاعانه، خشونت‌های لجام گسیخته را پایان دهیم. نیروهای امنیتی دولت حاکم را باید تحت فشار قرار داد تا در مبارزات سیاسی دخالت نکنند و تبهکارانی را که به اقدامات خشونت‌آمیز متوسل می‌شوند، بازداشت کنند. من در عین حال، نگرانی خود را از اقدامات خشونت‌آمیز بخش‌های معینی از نیروهای پلیس علیه راه‌پیمایی‌ها و تظاهرات صلح‌آمیز توده‌های مردم، اعلام می‌کنم. ما این اقدامات را محکوم می‌کنیم. من وضعیت بی‌نهایت دشوار پلیس را در تبعیت از قوانین رژیم درک می‌کنم و می‌دانم که این وضعیت باعث شده است تا بسیاری از افراد شریف نیروهای پلیس، نتوانند نقش خود را به عنوان خدمتگزاران خلق ایفا کنند. شما در چشم بسیاری از مردم ما، ابزاری در خدمت سرکوب و بی‌عدالتی رژیم آپارتاید هستید. ما از نیروهای نظامی می‌خواهیم که با گسستن از رژیم آپارتاید، به منافع مردم خدمت کنند. به جنبش ما برای بنای آفریقای جنوبی نوین، که شما هم در آن جای شایسته خود را خواهید داشت، بپیوندید." [۱]

و این چنین است که روحیه صلح طلبی ماندلا، می‌تواند نهایتا کشتی طوفان‌زده‌ی آفریقای جنوبی را بدون آنکه به چرخه مهارنشدنی خشونت و انتقام دچار شود، به ساحل دموکراسی و برابری نژادی برساند. ماندلا در نطق پذیرش جایزه‌ی صلح نوبل مفتخرانه می‌گوید:

"بدین‌سان ما سعادتمندانه خواهیم زیست، چرا که جامعه‌ای خلق کرده‌ایم که در آن انسان‌ها برابر به دنیا می‌آیند و از آزادی، کامیابی، حقوق بشر و

۱- متن سخنرانی نلسون ماندلا در تظاهرات سوتو، ۱۳ فوریه ۱۹۹۰، مجله فرهنگ توسعه، شماره ۱۳۴

حکومت‌گری خوب، سهمی برابر می‌برند. چنین جامعه‌ای هرگز اجازه نخواهد داد که کسی به دلیل پاسخ دادن به ندای وجدان خود، به زندان بیافتد یا حقوق عضوی از اعضای جامعه نقض شود. در این جامعه هرگز نباید راه‌های مسالمت‌آمیز تغییر و تحول توسط غاصبانی مسدود شود که تنها در پی ربودن قدرت از مردمند." [1]

* * *

در جمع بندی نظرات ماندلا می‌توان ویژگی‌های زیر را درباره نافرمانی مدنی در اندیشه و روش مبارزاتی وی برشمرد:

- نقض قانون غیراخلاقی، غیرعادلانه و تحمل ناپذیر؛
- نافرمانی مدنی به‌منظور وادار کردن حکومت به مذاکره؛
- انجام نافرمانی مدنی چه به صورت فردی و چه جمعی؛
- آمادگی پذیرش مجازات؛
- عدم‌خشونت به‌عنوان یک استراتژی و نه یک اصل اخلاقی؛
- ناکارآمدی روش بدور از خشونت در مبارزه با حاکمان خشونت ورز؛
- نافرمانی و مقاومت فعال (اعتصاب کار) به جای مقاومت منفی (اعتصاب غذا)؛
- سرپیچیِ بدون خشونت از قانون، پس از مسدودشدن همه راه‌های قانونی؛
- خرابکاریِ همراه با خشونتِ مهارشده، پس از به نتیجه‌نرسیدن نافرمانیِ بدور از خشونت؛

۱- سخنرانی نلسون ماندلا، نطق پذیرش جایزه‌ی صلح نوبل ۱۹۹۳

چکیده ویژگی‌های نافرمانی مدنی از نظرگاه‌های مختلف

با توجه به نظرات مختلف اندیشمندان و مبارزین سیاسی که در این بخش مرور گردید، مشخص شد که نافرمانی مدنی از دیدگاه‌های مختلف، دارای ویژگی‌های متفاوتی است که البته در بین آنها، هم ویژگی‌های مشترک و هم ویژگی‌های متضادِ تعیین‌کننده‌ای وجود دارد. شاید بتوان با نگاهی عمیق‌تر، شرایط، الزامات و تجارب متفاوتی که هر یک از این نظریه‌پردازان و مبارزان با آن مواجه بوده اند را در تحلیل و طرز نگاه آنها به خصوصیات نافرمانی مدنی، تاثیر گذار دانست. از این‌روست که بعضی از آنها نافرمانی مدنی را با رویکردی اخلاقی و وجدانی بکارمی‌گیرند و عده دیگری از آنها، نافرمانی از روی وجدان را غیر قابل‌توجیه می‌دانند. برخی آنرا به عنوان آخرین اقدام اعتراضی به رسمیت می‌شناسند و برخی آنرا به عنوان حق اولیه برخورد با بی‌عدالتی می‌دانند. گروهی این عمل را تنها در شکل اعتراض جمعی قابل قبول می‌دانند و بعضی دیگر آنرا به عنوان وظیفه‌ی فردی مطرح می‌کنند. نهایتا آنکه عده‌ای این عمل را در چارچوب نظم حاکم و قانون اساسی موجود (و البته دموکراتیک) پذیرفته می‌دانند و افرادی دیگر، این عمل را به منظورِ تغییر ساختار کلی نظم موجود نیز بکار می‌برند.

به هرحال بنظر می‌رسد که قضاوت در این‌باره را باید با بررسی هر مورد خاص به انجام رساند و شرایط متناسب با ساختار و بافتار مختلف را برای تعیین الزامات و ویژگی‌های نافرمانی مدنی در نظر گرفت.

در پایان این بخش، جمع‌بندی نظرات ذکرشده بصورت چکیده‌ای منسجم‌تر در جدول ۱ ارایه می‌شود.

جدول۱: چکیده ویژگیهای نافرمانی مدنی از دیدگاه صاحب‌نظران

ویژگی‌های مرتبط با نافرمانی مدنی از نظر:	شرافتمندانه	نقض عمدی قانون	علنی	ارتباط گیرانه	پذیرش مجازات	عدم‌خشونت	قانون طبیعی (وجدان انسانی)	قرارداد اجتماعی (حس عدالت اکثریت)	آخرین شکل اعتراض	قبول سیستم قانونی حاکم	اقدامی جمعی	وظیفه فردی	احتمال معقولی از پیروزی	منطبق بودن هدف و وسیله
هنری دیوید ثورو	√	√		√	√		√			√		√		×
لئو تولستوی	√	√	√		√	√	√							√
مهاتما گاندی	√	√			√	√	√					√		√
مارتین لوترکینگ	√	√	√	√	√	√	√		√	√				√
هانا آرنت	√	√	√	√	√	√	×	√	√	√	√	×		
جان رالز	√	√	√	√	√	√	×	√	√	√	√		√	
یورگن هابرماس	√	√	√	√	√	√	×	√	√	√	√		√	
رونالد دورکین: درستی-بنیاد	√	√					√			√				
رونالد دورکین: عدالت-بنیاد	√	√	√	√	√		√		√	√			√	
رونالد دورکین: سیاست-بنیاد	√	√	√	√	√		×	√	√	√			√	
نلسون ماندلا	√	√	√	√	√	√	√		√			√	√	×

√: لزوم وجود این ویژگی

×: تصریح نبود این ویژگی

بخش سوم
انواع دیگرِ اعتراضات مدنی

اگرچه ویژگی‌های نافرمانی مدنی با دیگر انواع اعتراض مدنی به شکل گسترده‌ای هم‌پوشانی دارد، اما بعضی تمایزات کلی بین خصوصیات کلیدی نافرمانی مدنی و ویژگی‌های اساسی دیگر انواع اعتراضات دیده می‌شود که در این بخش بدانها خواهیم پرداخت و در ادامه نمونه‌هایی از انواع اعتراضات مدنی در ایران را ذکر می‌کنیم تا مباحث مطرح شده ملموس‌تر شود.[۱]

اعتراض قانونی(Legal Protest)

اختلاف آشکار بین اعتراض قانونی و نافرمانی مدنی این است که اولی به مرزهای قانون محدود می‌شود، ولی دومی اینگونه نیست. بسیاری از خصوصیاتی که برای نافرمانی مدنی ذکر گردید، می‌تواند جزو ویژگی‌های اعتراض قانونی هم باشد مانند شرافت‌آمیز و ارتباط‌گیرانه بودن، میل به ایجاد تغییری پایدار در یک اصل یا سیاست از طریق گفت‌وگوی اخلاقی، تلاش در جهت آگاهی‌بخشی و بالا بردن حساسیت عمومی. در جایی‌که تکلیف اخلاقی و همگانی برای پیروی از قانون وجود دارد، تفاوت در مشروعیت این دو عمل بسیار مهم می‌شود. اگر اخلاقا نقض قانون غلط است، در نتیجه برای نافرمانی مدنی توجیه خاصی لازم است که اعتراض قانونی از آن بی نیاز است [زیرا که قانون را نقض نمی‌کند]. به هر حال این مساله به رژیم سیاسی که اطاعت را می‌طلبد نیز وابسته است. دیوید لیونز معتقد است که قوانین جداسازی سیاهان در آمریکا، قوانین استعماری انگلیس در هند، مالکیت بردگان تا قبل از جنگ داخلی آمریکا، سه نمونه برای باطل دانستن این نظر است که نافرمانی مدنی

۱- در این بخش از ترجمه مقاله Civil Disobedience در سایت Stanford Encyclopedia of Philosophy استفاده شده است، مگر آنکه مرجع دیگری ذکر شده باشد.

نیاز به توجیه اخلاقی در رژیمهای متجاوز دارد. بر اساس نظر لیونز، در اینگونه رژیمها هیچ پیش‌فرض اخلاقی نمی‌تواند به نفع اطاعت از قانون وجود داشته باشد و بنابراین هیچ توجیه اخلاقی برای نافرمانی مدنی لازم نیست. لیونز می‌گوید: "اگر تئوری نافرمانی مدنی فرض می‌کند که مقاومت سیاسی، حتی در وضعیت‌هایی که اخلاقا مشابه با شرایط جداسازی سیاهان است، به توجیه اخلاقی نیاز دارد، این تئوری بر یک خطای اخلاقی خطرناک استوار است."

اگر کسی این نظر را دارد که یک تکلیف اخلاقی عمومی برای پیروی از قانون وجود ندارد (صرفنظر از نوع رژیم)، در نتیجه تبعیت از قانون و نقض قانون هر دو می‌بایست نه بر مبنای مشروعیت‌شان، بلکه به‌خاطر خصوصیت و نتایج‌شان مورد قضاوت قرار گیرند.

در اینجا به نکته ای در حمایت از نافرمانی مدنی به جای اعتراض قانونی اشاره می‌کنیم. برتراند راسل خاطر نشان می‌سازد که معمولا بسیار دشوار است که حقایق برجسته را، در یک مناقشه شخصی بتوان از طریق کانالهای متداول مشارکت (در جامعه) مطرح نمود. کسانی‌که کنترل جریان اصلی رسانه‌ها را در دست دارند، تمایل دارند تا به مدافعان نظرات کم‌طرفدار، فضای محدودی را جهت طرح نظراتشان اختصاص دهند. به‌هرحال اعلام خبر بکارگیری روشهای غیرقانونی در نافرمانی مدنی، اغلب منجر به انتشار گسترده آن دیدگاه می‌شود.[۱] جان استوارت میل اظهار می‌دارد که در بعضی مواقع تنها روشی که می‌توان از آن طریق نظرات دگراندیشانه را به گوش دیگران رساند، آن‌است که با این مساله کنار بیاییم که جامعه آن نظرات را تمسخر کند یا حتی انها را به عنوان نظراتی افراطی و نامعقول احساس کند.[۲]

باید خاطر نشان کرد که موفقیت این استراتژی تا حدی به خصوصیت جامعه‌ای که این روش در آن بکار گرفته می‌شود نیز بستگی خواهد داشت. اما نباید آن را به عنوان یک استراتژی تبلیغاتی نفی نمود.

۱- نظریه Russell (۱۹۹۸)

۲- نظریه Mill (۱۹۹۹)

مخالفت وجدانی(Conscientious Objection)

مخالفت وجدانی اعتراضی است که محرک آن اعتقادات شخص معترض است. در این نوع اعتراض، شخص بدلایل اخلاقی یا اعتقادی از پیروی قانون سرباز می‌زند چراکه بر مبنای باورهای او تمام یا بخشی از آن قانون، بد یا نادرست است. مخالف وجدانی، ممکن است معتقد باشد که به‌طور مثال، خصوصیت کلی قانون مزبور اخلاقا غلط است (همان‌گونه که یک صلح‌طلب تمام عیار درباره خدمت سربازی چنین می‌اندیشد) یا اینکه قانون به مواردی بسط داده می‌شود که نباید آنها را در برگیرد (یک مسیحی ارتدوکس اقدام مرگ آسان (euthanasia) برای بیمار لاعلاجی که درد می‌کشد را قتل در نظر می‌گیرد).

یک برداشت محدودتر از مخالفت وجدانی، «خودداری وجدانی» (Conscientious Refusal) نامیده می‌شود که در این شکل نافرمانی، از یک قاعده مرسوم یا یک دستور اداری سرپیچی می‌شود. به‌طور مثال می‌توان از خودداری «شاهدان یَهُوَه»[1] - شاخه ای از پیروان مسیحیت - در سلام دادن به پرچم یا خودداری دیوید ثورو از پرداخت مالیات نام برد (جالب است که عمل شخصی که عبارت نافرمانی مدنی را وضع کرد، توسط بسیاری از نظریه‌پردازان به‌عنوان کنشی متفاوت از نافرمانی مدنی محسوب می‌شود).

درحالی‌که خودداری وجدانی با فرض اینکه مقامات از نقض قانون اطلاع دارند انجام می‌شود، «طفره رفتن وجدانی» (Conscientious Evasion) به شیوه سرپیچی پنهانی از قانون گفته می‌شود. فرد دینداری که به انجام اعمال مذهبی خویش که از آن منع شده است در خلوت ادامه می‌دهد، اعتراضی بر علیه قانون نمی‌کند بلکه آن را به‌دلایل اخلاقی به طور مخفیانه نقض می‌کند. طبیعت درونگرایانه این نوع نافرمانی از احترام خاصی برخوردار است، چرا که حاکی از فروتنی و تاملی است که نمودهای اعتقادی پر غوغا و جسورانه، فاقد آن است.

۱- Jehovah's witnesses

اختلاف بین نافرمانی مدنی و طفره رفتن وجدانی از اختلاف بین نافرمانی مدنی و خودداری وجدانی یا مخالفت وجدانی آسان تر تشخیص داده می‌شود. هر چند که مخالفت وجدانی معمولا با هدف ارتباط گیری با دولت و جامعه صورت نمی‌گیرد، با این وجود بسیاری از رفتارهایی که عموما تحت عنوان مخالفت وجدانی قرار دارند- مانند اجتناب از پرداخت مالیات و مقاومت در برابر سربازی اجباری- دارای یک مولفه اجتماعی و ارتباطی هستند. علاوه بر این، وقتیکه چنین اعمالی توسط بسیاری از مردم انجام گیرد، تاثیر جمعی آن می‌تواند شبیه نوعی اعتراض ارتباط‌گیرانه مانند نافرمانی مدنی باشد. تفاوت واضح‌تر بین نافرمانی مدنی و مخالفت وجدانی این است که اگر چه اولی به طور قطع غیرقانونی است، لیکن دومی گاهی توسط قانونگذاران تحمل می‌شود. در مورد خدمت سربازی اجباری، بعضی از سیستمهای قانونگذاری، مخالفت وجدانی را به‌عنوان علتی مشروع برای اجتناب از انجام خدمت سربازی در خط مقدم می‌پذیرند.

وظیفه گریزی (Rule Departure)

عملی مجزا اما مرتبط با نافرمانی مدنی، وظیفه‌گریزی نام دارد که توسط مقامات مسئول انجام می‌گیرد. وظیفه‌گریزی ضرورتا تصمیمی عمدی، توسط یک صاحب منصب است که به‌خاطر دلایل وجدانی، از انجام وظایف اداری خویش خودداری می‌کند.

این عمل می‌تواند تصمیم پلیس مبنی بر دستگیر نکردن خاطیان، یا تصمیمی به‌وسیله دادستان جهت عدم اقامه دعوا برای محاکمه، یا قصد یک قاضی یا هیات منصفه به منظور تبرئه فردی که آشکارا قانون‌شکن است، باشد. اینکه آیا این رفتارهای وجدانی در واقع تخطی کردن از وظایف کلی اداری می‌باشد یا نه، محل بحث است. اگر تخلف از دستوری مشخص توسط یک صاحب منصب بیشتر از رعایت همان دستور منطبق با روح و اهداف کلی آن شغل باشد، در نتیجه می‌توان گفت که تخلف از آن دستور، بهتر از انجام آن، وفاداری به الزامات آن شغل را نشان می‌دهد.

وظیفه‌گریزی همانند نافرمانی مدنی در پی مخالفت و محکوم کردن سیاست‌ها و اعمال نادرست است. علاوه بر این، هر دو عمل ارتباط‌گیرانه هستند هر چند که مخاطبان مختلفی دارند. یک مقام مسئول که از قواعد اداری خویش سرپیچی می‌کند، در عمل افراد یا گروه‌هایی را مخاطب قرار می‌دهد که او قصد دارد از طریق نقض وظیفه‌ای مشخص، آن‌ها را یاری رساند. عمل او به این گروه‌ها نشان می‌دهد که وی مخالف سیاست جاری است و وظیفه‌گریزی او، در راستای تعهدات اخلاقی‌اش است.

اولین چیزی که نافرمانی مدنی و وظیفه‌گریزی را متفاوت می‌سازد، هویت عملگران‌شان است. درحالی‌که وظیفه‌گریزی معمولا رفتاری است که توسط کارگزاری از دولت (مثل قضات) انجام می‌شود، نافرمانی مدنی معمولا عملی است که توسط شهروندان صورت می‌گیرد (که می‌تواند شامل عمل کارمندان به‌عنوان شهروندان عادی، و نه در نقش اداری آن‌ها نیز باشد). تمایز دوم آنکه این دو نوع عمل از جنبه قانونی‌بودن‌شان نیز متفاوتند. اینکه وظیفه‌گریزی در حقیقت شکستن قانون را در بر دارد، ناآشکار است. درحالی‌که نافرمانی مدنی، بر عکس، مستلزم نقض علنی قانونی است که در حال اجراست. تفاوت سوم‌شان این است که برخلاف نافرمانی مدنی، کسانی‌که وظیفه‌گریزی می‌کنند، معمولا در معرض خطر مجازات یا تنبیه قرار نمی‌گیرند.

عدم‌همکاری[1] (Non-Cooperation)

یکی از شکل‌های اعتراض مدنی، عدم‌همکاری است که گاندی نمونه برجسته در بکارگیری آن بود. این عمل عبارتست از رد کردن مزایای سیستم ناعادلانه حاکم از طریق اعمالی مثل عدم شرکت در مراسم، برگرداندن مدال‌ها و نشان‌ها، تحریم نهادهای دولتی، عدم خرید اوراق مشارکت دولتی، اعتصاب دادگاه‌ها و وکلا یا عدم پذیرش مسندهای کشوری و لشگری.

گاندی از آن به‌عنوان شکلی از اعتراض و ابزاری مناسب برای فلج کردن و فرو ریختن قوانین انگلیسی و در عین حال به‌عنوان رفتاری نمادین و وسیله‌ای

۱- کتاب Civil Disobedience، نوشته Maria Jose Falcon Tella، صفحات ۱۳۲ و ۱۳۳

برای از کار انداختن ماشین بروکراتیک انگلیس استفاده نمود. عدم‌همکاری فقط توسط گاندی بکار گرفته نشد. در سال ۱۹۷۰ به‌طور مثال در آمریکا، مخالفان جنگ ویتنام یک تظاهرات سراسری را ترتیب دادند که در آن جنگجویان قدیمی، نشانهای نظامی خود را به‌عنوان اعتراض نمادین بر زمین انداختند.

برخلاف نافرمانی مدنی که حتی در شکل جمعی آن هم طرفدارانش را دست‌چین می‌کند و از آنها شایستگی و آمادگی اخلاقی می‌خواهد، عدم‌همکاری باید در مقیاس وسیع انجام پذیرد تا اثرگذار باشد و شرکت‌کنندگان از پیر و جوان و نوجوان را با خود همراه سازد. علاوه‌براین لازم نیست که عدم‌همکاری غیرقانونی باشد و به‌راحتی علنی شود و دقیقا آن‌گونه که نامیده می‌شود (به شکل عدم‌همکاری)، خود را بروز دهد. بدین معنی که به طور مثال، خودداری از معرفی برای خدمت سربازی یک عدم‌همکاری غیرقانونی است، اما رای‌ندادن یا نگه‌داشتن سطح درآمد در زیر حد لازم برای پرداخت مالیات، اعمال غیرقانونی نیستند.

هدف عدم‌همکاری، دستیابی به اصلاح سیاسی است و حتی مانند نمونه هند می‌تواند منجر به تغییر کل سیستم گردد و تنها به تغییر یک قانون خاص آن‌گونه که در نافرمانی مدنی صورت می‌گیرد، محدود نمی‌شود.

اختلاف نهایی و عمده بین نافرمانی مدنی و عدم‌همکاری، سطح کنش و واکنش موجود بین حاکمان و گروههای معترض است. در عدم‌همکاری سعی می‌شود تا حدی این ارتباط کاهش یابد که جناح مخالف، مجبور به تسلیم یا حداقل مذاکره شود. بر عکس آن، در نافرمانی مدنی تلاش می‌شود تا تنش و برخورد افزایش یابد به این معنا که نافرمانی مدنی کشمکش بین دو طرف را افزایش می‌دهد تا طرف مقابل را وادار به پذیرش مطالبات کند. از سوی دیگر درحالی‌که عدم‌همکاری از طریق فروگذاری و بی‌کنشی انجام می‌شود، نافرمانی مدنی توسط اقدام و عمل پیش می‌رود.

نمونه‌هایی از اعتراضات مدنی در ایران

در این بخش به ذکر نمونه‌هایی از انواع اعتراضات مدنی در ایران، اشاره می‌شود. با ذکر این نمونه‌ها، بهتر می‌توان تفاوت این رفتارهای اعتراضی را از یکدیگر باز شناخت. یادآوری این مثالهای آشنا، بی‌تردید تعاریف، نظرات و مفاهیم ذکرشده را برای خواننده ملموس‌تر خواهد کرد.

نمونه‌هایی از «نافرمانی مدنی» در ایران

با نگاهی به تاریخ معاصر، می‌توان نمونه‌هایی از رفتار اعتراضیِ نافرمانی مدنی در ایران را مشاهده کرد. در اینجا با مروری بر دهه‌های گذشته، از آخرین روزهای حکومت سلطنتی تا دوران حکومت جمهوری اسلامی، چند نمونه از نافرمانی‌های مدنی ذکر می‌شود.

در آخرین روزهای منتهی به انقلاب سال ۵۷، مناقشات جدی بین انقلابیون و دولت وقت (بختیار) درگرفته بود. از این‌رو دولت دستورات و قواعدی را وضع می‌کرد که انقلابیون به رهبری آیت‌الله خمینی آنها را نادرست و نامشروع می‌دانستند. به‌عنوان مثال برقراری حکومت نظامی و عدم اجازه عبور و مرور مردم در خیابانها یکی از آنها بود.

در تاریخ ۱۰ بهمن ۱۳۵۷، آیت‌الله خمینی، دستور نافرمانی از دولت را اعلام کرد: *"از دولت اطاعت نکنید، از هیاهوی دژخیمان نهراسید."*[۱] در همان روز، روزنامه کیهان در کنار دستور آقای خمینی با حروف درشت تیتر زد: *"نزن، سرباز."*

با ادامه بحران، در روز ۲۱ بهمن ۱۳۵۷ افزایش ساعات حکومت نظامی اعلام می‌شود. آیت الله خمینی حکومت نظامی اعلام شده از طرف فرماندار نظامی تهران را ملغی اعلام کرده و می‌گوید: *"اعلامیه امروز حکومت نظامی، خدعه و خلاف شرع است و مردم به هیچ‌وجه به آن اعتنا نکنند."* همچنین

۱- روزنامه کیهان، صفحه اول، سه شنبه ۱۰ بهمن ۱۳۵۷

آقای خمینی در پاسخ به افراد نیروی مسلح می‌نویسد: *"قسم برای حفظ قدرت طاغوتی صحیح نیست و مخالفت با آن واجب است و کسانی که قسم خورده‌اند، باید بر خلاف آن عمل کنند."* [۱] با انتشار پیام در شهر، بخش زیادی از مردم آن شب را - شب ۲۲ بهمن - تا صبح در خیابانها بیدار ماندند و منتظر حوادث بعدی بودند.

نقض عمدی و علنی قانون به صورت جمعی با انگیزه‌ای وجدانی و با قبول هزینه‌های آن، همگی از ویژگی‌های این رویداد به‌شمار می‌رود و از این‌رو به‌عنوان یکی از نمونه‌های نافرمانی مدنی در تاریخ معاصر ایران به‌حساب می‌آید. البته بخشی از پیروان آیت‌الله خمینی پیروی از دستورات وی را وظیفه مذهبی خود می‌دانستند و از این‌رو شاید بتوان بخشی از این سرپیچی ها را جزو «مخالفت وجدانی» محسوب کرد.

یکی دیگر از نمونه‌های نافرمانی مدنی در سالهای اخیر، مساله پرجنجال استفاده از ماهواره است. بر حسب قوانین جمهوری اسلامی، استفاده از تجهیزات دریافت کننده شبکه‌های ماهواره‌ای ممنوع است. این ممنوعیت از نظر بسیاری از شهروندان ایرانی، قاعده‌ای ناعادلانه و مغایر با اصل آزادی و حق انتخاب و آگاهی مردم است. از این‌رو بسیاری از مردم از این قانون سرپیچی کرده و با تهیه این تجهیزات، از برنامه‌های ماهواره‌ای استفاده می‌کنند. دولت نیز گهگاه به منظور مقابله با قانون‌شکنان، به جمع‌آوری تجهیزات ماهواره‌ای و جریمه متخلفان می‌پردازد.

سرپیچیِ عمدی از قانونِ منع استفاده از ماهواره به طور گسترده و تا حدی علنی و با قبول هزینه آن، یکی از نمونه‌های نافرمانی مدنی در سالهای اخیر توسط ایرانیان بوده است. البته مساله برخورد با قانون ماهواره، به شکل دیگری نیز دیده می‌شود که در بخش بعد، درباره آن با تفصیل بیشتری صحبت خواهد شد.

۱- سایت مرکز اسناد انقلاب اسلامی، رویدادهای ۲۱ بهمن

نمونه‌ای از «مخالفت وجدانی» در ایران

اگر بخواهیم نمونه‌ای از رفتار اعتراضی مخالفت وجدانی در ایران را ذکر کنیم، مقاومت در برابر مساله کشف حجاب اجباری در ایران، مثالی بسیار مناسب خواهد بود. کشف حجاب در ایران که به عنوان تلاشی آمرانه برای مدرن کردن جامعه توسط حکومت وقت صورت گرفت، برای بسیاری از دینداران، عملی غیراخلاقی، ناعادلانه و مخالف باورهای اعتقادی آنها بود. از این‌رو بسیاری به مخالفت وجدانی با این مساله پرداختند و این قانون را نقض کردند یا در خانه‌ها ماندند و از خانه بیرون نیامدند تا مجبور به برداشتن حجاب نباشند (طفره رفتن وجدانی).

اگر چه همان‌طور که پیشتر نیز گفته شد، تفاوت بین نافرمانی مدنی و مخالفت وجدانی بسیار ظریف است و شاید هر یک را بتوان به‌جای دیگری قلمداد نمود، ولی مساله مقابله با کشف حجاب با توجه به آنکه محرک آن اعتقادات شخصی معترضان است، به‌عنوان نمونه‌ای از مخالفت وجدانی در ایران محسوب می‌شود.

نمونه‌هایی از «وظیفه گریزی» در ایران

همان‌طور که گفته شد، وظیفه‌گریزی را می‌توان نافرمانی مدنی صاحب منصبان، کارگزاران و ماموران دولتی و به‌اصطلاح مقامات کشوری و لشگری دانست.

تبرئه کردن مجرمان سیاسی توسط قضات مستقل در ایران را می‌توان نمونه‌ای از این رفتار دانست. این مساله در پیش و پس از انقلاب نمونه‌هایی دارد که در اینجا به یک نمونه از هر دوران اشاره می‌شود.

در حوادث مرتبط با ۱۵ خرداد ۱۳۴۲ دولت وقت قصد کرد تا آیت‌الله خمینی را به علت سخنرانی‌های تندی که علیه شاه داشت، توقیف، محاکمه و تبعید کند و بدین منظور نیاز به یک حکم قضایی از طرف رییس دادگستری وقت قم — آقای مهدی هادوی — وجود داشت. آقای هادوی با روش اشکال تراشی و ایجاد مانع و مخالفت غیر مستقیم به شیوه «وظیفه گریزی» دست

می‌زند تا از صدور حکم خودداری کند. خاطرات او که شرح این اتفاقات است از نظر قواعد قضایی و استقلال نسبی قضات آموزنده است که در اینجا به بخشهایی از آن اشاره می‌شود. هادوی در خاطراتش ذکر می‌کند که رییس کارگزینی وزارت دادگستری وقت – آقای قطب - به او می‌گوید: "ما می خواهیم شما آقای خمینی را توقیف کنید. پرسیدم: به چه اتهامی؟ گفت: به اتهام نشر اکاذیب. خندیدم و گفتم: با این اتهام یک فرد عادی را هم نمی‌شود توقیف کرد چه برسد به مرجع تقلید. قطب گفت: اتفاقا چون او مرجع تقلید است، نشر اکاذیبش باعث شورش شده است."

آقای هادوی شرح می‌دهد که برای پیگیری این موضوع پیش وزیر دادگستری وقت – دکتر باهری - می‌رود و می‌گوید:

"من افراد عادی را هم نمی‌توانم به اتهام نشر اکاذیب دستگیر کنم. او هم یک کتاب قانون از کتابخانه بیرون آورد و ماده قانون مربوط به اقدام کنندگان علیه امنیت ملی را به من نشان داد و آن را خواند. گفتم: در ماده قانون آمده است کسانی که عمدا شورش کنند باید تحت تعقیب قرار گیرند، اما کسی که با نشر اکاذیب موجب شورش می‌شود، عمدا اقدام علیه امنیت ملی نکرده است. دکتر باهری عصبانی شد و گفت: ولی نظر من این است که آقای خمینی متهم است. گفتم: من نظر خودم را گفتم، اگر می‌خواهید اقدام کنید، فرد دیگری را بفرستید، من اصرار به باقی ماندن در این پست را ندارم. ده روز بعد دکتر باهری به دادستان قم تلفن زد که پرونده را مسکوت بگذار.

بعد از واقعه ۱۵ خرداد ۴۲ دومرتبه کمیسیون امنیت اجتماعی تشکیل می‌شود و هر دفعه قضاتی از دادگستری می‌روند اما اعضای کمیسیون نپذیرفته اند و تاکید کرده اند باید خود هادوی حضور داشته باشد. با تشکیل کمیسیون امنیت اجتماعی، معاون شهربانی گزارش شفاهی مفصلی از اوضاع داد که قم شهر آرامی بود و با شروع سخنرانی های آقای خمینی به آشوب کشیده شده است. همه اظهار نظر کردند به جز من. تقریبا داشتند تصمیم می‌گرفتند که آقای خمینی را به یکی از شهرهای کردستان تبعید کنند. فرماندار پرسید: آقای هادوی چرا شما ساکت هستید؟ گفتم: کسی از من نخواست نظری بدهم. گفت:

حالا بفرمایید! گفتم: گزارش معاون شهربانی ، شفاهی است . کمیسیون فقط می‌تواند به گزارش های کتبی رسیدگی کند. فرماندار و هم اعضای کمیسیون برآشفتند اما از پاسخ عاجز ماندند. فرماندار گفت: بسیار خب! و شروع کرد مطالب را در همان کمیسیون دیکته کرد و معاون شهربانی نوشت. سپس به من دادند تا بخوانم. من با حوصله آن را خواندم و سپس گفتم: در این گزارش صحبت از جنایت و آدم کشی آمده است و این در صلاحیت دادگاه جنایی است نه کمیسیون امنیت اجتماعی. فرماندار گفت: شما بنویسید تا به دادگاه جنایی ارجاع شود. گفتم در صلاحیت من نیست. من فقط می‌نویسم که در صلاحیت کمیسیون امنیت اجتماعی نیست. خون همه به جوش آمده بود. رییس شهربانی کاغذی از جیبش بیرون آورد و گفت: با این سند می‌توان حکم تبعید آقای خمینی را صادر کرد. کاغذ را گرفتم و خواندم. اعلامیه ای بود بدون امضا. گفتم: این ارزش ندارد ...

رییس ساواک گفت: رای گیری می‌کنیم، چون اکثریت تصویب کردند، فرماندار رو به معاون شهربانی گفت: از مرکز دستور رسیده است حتما رییس دادگستری در اتخاد تصمیم سهیم باشد. بدون نظر آقای هادوی امکان ندارد ... من متوجه شدم، تمام این داستان برای این بوده است که یک حکم قضایی از دادگستری داشته باشند تا بتوانند روی آن مانور بدهند. قرار شد اتفاقات جلسه را به مرکز گزارش دهند و جلسه دیگری برگزار شود.

وقتی از جلسه بیرون آمدم، کنار ماشین، رییس ساواک جلویم را گرفت و گفت: من مجبورم مخالفت شما را با تبعید آقای خمینی گزارش کنم. گفتم: من مخالفت نکردم، فقط تذکر دادم رسیدگی به گزارش در صلاحیت این کمیسیون نیست. شما می‌توانید همین را گزارش کنید. دیگر هیچ جلسه‌ای تشکیل نشد."[1]

بدین ترتیب هادوی – رییس دادگستری وقت قم - خاطرنشان می‌سازد که ماجرای تبعید آقای خمینی از نظر قانونی با بن‌بست مواجه می‌شود و درنهایت ماموران حکومت طبق توافق با دولت ترکیه آقای خمینی را مجبور به

۱- مهدی هادوی در گفتگو با سایت حیات، خرداد ۱۳۸۷

سفر به ترکیه می‌کنند. این اقدام وی نمونه ای از شیوه وظیفه‌گریزی یا نافرمانی مدنی یک صاحب منصب را نشان می‌دهد.

در سال‌های دوران موسوم به اصلاحات در مواردی دیده شد که بعضی از قضاتِ پرونده فعالان سیاسی، علی‌رغم انتظاری که از برخورد سیستم قضایی جمهوری اسلامی با اینگونه موارد می‌رفت، احکام تبرئه صادر کردند که این اقدام تحسین افکار عمومی را به همراه داشت. نمونه معروف این اقدام در مورد حکم زندان اکبر گنجی، ناراضی سیاسی، صورت‌گرفت که برخلاف حکم اولیه ۱۰ سال زندان، قاضی دادگاه تجدید نظر (قاضی علی بخشی)، این حکم را به ۶ ماه حبس تقلیل داد و او را از بسیاری از اتهامات مبری دانست. این اقدام، برخلاف انتظار مقامات ارشد قضایی بود و درنتیجه این حکم از سوی دیوان عالی کشور نقض و سرانجام به ۶ سال حبس مبدل گردید. این مورد را می‌توان یکی دیگر از نمونه‌های وظیفه‌گریزی و اقدام وجدانی توسط یکی از قضات مستقل در دهه‌های اخیر دانست.

همچنین نمونه بارز دیگر وظیفه‌گریزی در سال‌های اخیر، خودداری اجرای حکم شلاق یکی از فعالان مدنی آذربایجان، توسط سربازان وظیفه‌ای بود که دستور اجرای این حکم را داشتند. سربازان به‌دلایل وجدانی، حاضر به انجام دستور قاضی نشدند و از انجام وظیفه، سر باز زدند و در نتیجه این حکم نتوانست اجرا شود. این ماموران با این اقدام خود، همدلی خویش با آن فعال مدنی را نشان دادند و «عمل بر حسب وجدان» را از «عمل بر حسب دستور» برتر دانستند.[1]

۱- جهت مطالعه بیشتر در این‌باره مراجعه شود به مقاله «مامور نامعذور» به قلم نویسنده (قابل دسترسی در اینترنت)

نمونه‌هایی از «عدم‌همکاری» در ایران

همان‌طور که پیش‌تر گفته شد، در عدم‌همکاری از قانونی سرپیچی نمی‌شود،
بلکه افراد تنها با شرکت نکردن و دریغ کردن از همکاری با یک قاعده یا
سیاست ناعادلانه، قانون‌گذاران یا تصمیم‌گیران را به تغییر یا باطل نمودن امر
نادرست وادار می‌کنند، گرچه شاید خود در این زمینه مزایایی را از دست
بدهند یا متحمل سختی و تحمل رنج شوند.

یکی از جنبش‌های مبارزات مردمی تاریخ ایران که به نام جنبش تحریم
تنباکو مشهور است را می‌توان نمونه‌ای بارز از بکارگیری روش اعتراضی
عدم‌همکاری در ایران دانست. این حرکت را حتی اولین مقاومت منفی در ایران
نامیده‌اند.[1] در این مقطع تاریخی، انگلیسی‌ها در یک قرارداد ننگین، امتیاز خرید
و فروش و ساختن توتون و تنباکوی ایران را در انحصار خویش قرار می‌دهند.
این قرارداد استعماری که موجب متضرر شدن بازاریان می‌گردید، خشم آن‌ها و
توده‌های مردم را به‌همراه داشت و زمینه یک حرکت اعتراضی عمومی را فراهم
آورد. درنهایت فتوای تحریم تنباکو توسط میرزای شیرازی، نمونه‌ای از قدرت
عدم‌همکاری مردم را به نمایش گذاشت و باعث شد تا تمامی مردم از اصناف و
طبقات مختلف تا اندرون حرمسرای شاهی، از استعمال دخانیات پرهیز کنند و
با مقاومت خویش، سرانجام ناصرالدین شاه را مجبور به لغو امتیاز تنباکو نمایند.

روش عدم‌همکاری می‌تواند در شکل‌های مختلف اجتماعی، اقتصادی و
سیاسی بکار گرفته شود[2] که تحریم تنباکو را می‌توان نمونه‌ای واضح از
عدم‌همکاری اقتصادی (و البته سیاسی) دانست که نهایتا حکومت وقت را وادار
ساخت تا به تغییر و لغو یک قاعده و سیاست ناعادلانه تن دهد.

نمونه‌ای دیگر از بکارگیری عدم‌همکاری در دهه‌های اخیر، عدم شرکت در
انتخابات غیرآزاد، ناعادلانه و غیرمنصفانه است که در آن تمامی کاندیداهای
مستقل و مخالف سیاست‌های جاری، از حضور در انتخابات محروم می‌شوند.
می‌دانیم که در ایران از نظر قانون، شرکت کردن در انتخابات اجباری نیست، اما

۱- «تحریم تنباکو یا اولین مقاومت منفی در ایران» نام کتابی از ابراهیم تیموری
۲- رجوع شود به کتاب «جامعه مدنی مبارزه مدنی»، صفحات ۱۰۸ تا ۱۱۲

با این وجود در بیشتر موارد حکومت به شرکت گسترده مردم در انتخابات نیازمند است و آنرا نشانه‌ای از مشروعیت نظام سیاسی و علاقه و وفاداری مردم به حکومت و سیاستهایش تلقی می‌کند. از این‌رو معمولا عدم شرکت در انتخابات، به‌عنوان شکلی از اعتراض و نمونه‌ای از عدم‌همکاری خواهد بود.

در اینجا معترضان با دریغ کردن آرای خویش و شرکت نکردن در انتخابات، اعتراض خویش را به سیاست‌ها و رویه‌های حکومتی نشان می‌دهند. در این میان، حتی در بعضی زمانها که حکومت قصد فشارآوردن به مخالفان را داشته، رای‌ندادن موجب دردسرهایی نیز برای مردم شده است و سیستم حاکم هم در مقابل، مزایایی را برای رای‌دهندگان در نظر می‌گیرد. در چنین شرایطی، عدم شرکت در انتخابات، نمونه‌ای است از عدم‌همکاری بر طبق قانون تحمل رنج، آن‌گونه که گاندی ذکر می‌کرد.

بخش چهارم
بدفرمانی مدنی

بعد از بررسی تعاریف و مشخصات «نافرمانی مدنی» از دیدگاههای مختلف و مقایسه دیگر اعتراضات مدنی با آن و ذکر نمونههایی از این اعتراضات در ایران، در اینجا به بحث اصلی این نوشتار، یعنی طرح نظری یک حرکت اعتراضی متفاوت میپردازیم. روش اعتراضی که در اینجا به آن پرداخته میشود، در نظریات موجود فلسفه سیاسی تاکنون از آن نامی برده نشده است. نویسنده این نوشتار با مشاهده نوع خاصی از رفتار اعتراضی که در مردم ایران دیده میشود، این نظریه را طرح و بسط میدهد. این نوع حرکت اعتراضی معمولا و بخصوص در ایران با دیگر انواع روشهای اعتراض — بهویژه نافرمانی مدنی - اشتباه گرفته میشود.

وجود این شیوه اعتراض، ناشی از عوامل مختلفی است که شرایط سیاسی، اجتماعی و اقتصادی حاکم بر ایران و نحوه برخورد حکومت با اعتراضات و همچنین خلقیات ایرانیان همگی در آن نقش داشتهاند و در ادامه این رساله هر یک از آنها تا حد توان نویسنده بررسی میشود و تعمق و تحقیق بیشتر درباره آن به پژوهشگران، استادان و کارشناسان شاخههای مختلف علوم اجتماعی و همچنین فعالان و مبارزان سیاسی - مدنی واگذار میشود. بیشک با تحقیق و بررسی اعتراضات مدنی در دیگر نقاط جهان، میتوان نمونه بکارگیری این عمل اعتراضی را در خارج از ایران نیز مشاهده کرد.

این نوع رفتار اعتراضی، روشی مابین اطاعت و سرپیچی یا فرمانبری و نافرمانی از قانون است که آن را "بدفرمانی" مینامیم و در ادامه به بررسی مفهوم، زبانشناسی (واژهشناسی)، تعریف و ویژگیهای این عمل خواهیم پرداخت. با توجه به بحث اصلی این رساله که به روشهای اعتراض مسالمتآمیز میپردازد، پدیده «بدفرمانی مدنی» در مقایسه با حرکت اعتراضی «نافرمانی مدنی» مورد بررسی قرار میگیرد.

مفهوم «بدفرمانی مدنی»

همان‌گونه که پیش‌تر نیز گفته شد، در مواجهه با قانون (قاعده، تصمیم یا سیاست خاص)، رویکردهای مختلفی را می‌توان در نظر گرفت. یکی اطاعت مطلق و پایبندی کامل به رعایت آن، بدون در نظر گرفتن درستی یا نادرستی، عادلانه یا ناعادلانه بودن قانون است که آن‌را فرمانبری مطلق یا «*خوش فرمانی*» می‌نامیم. روش دیگر برخورد با قانون، که از آن صحبت شد، «*نافرمانی مدنی*» است که در آن شخص نافرمان، از قوانین ناعادلانه به‌طور آگاهانه و عامدانه وعلنی سرپیچی می‌کند تا عموم مردم را نسبت به امر ناعادلانه آگاه سازد و حکومت و قانون‌گذاران را وادار به تغییر آن قانون یا سیاست ناعادلانه کند. اما رفتار یا عمل اعتراضی دیگری که ما بین این دو روش قرار می‌گیرد «**بدفرمانی مدنی**» است. بدفرمانی مدنی، حرکتی اعتراضی نسبت به قانون، رویه یا سیاستی است که افرادِ جامعه آن‌را ناعادلانه یا غیرقابل‌قبول می‌دانند اما مانند نافرمانی مدنی، آن قانون را به طور آشکار نقض نمی‌کنند بلکه آن‌را به صورت ناقص یا تغییریافته و به اصطلاح نصفه و نیمه اجرا می‌کنند یا به‌عبارت دیگر آن‌را «بد» اجرا می‌کنند.

ویژگی‌ها، دلایل و مصداق‌های بدفرمانی مدنی، در ادامه این پژوهش مورد بررسی قرار می‌گیرد، اما در ابتدا، کمی به واژه‌شناسی مرتبط به این مفاهیم می‌پردازیم تا انتخاب ترکیب «بدفرمانی مدنی» و تفاوت آن با «نافرمانی مدنی»، از نظر واژه شناسی مشخص گردد.

واژه شناسی«نافرمانی مدنی» (Civil Disobedience) و «بدفرمانی مدنی» (Civil Misobedience)

اصطلاح Civil Disobedience در زبان انگلیسی از دو واژه civil و disobedience تشکیل شده است. civil در این زبان، به معانی مختلف شهروندی، مدنی، قانونی و غیرنظامی بکار برده می‌شود که با توجه به کاربرد مشخص و ترکیب با دیگر کلمات، می‌تواند یکی از معانی مذکور را داشته باشد. آن‌گونه که در فرهنگ‌نامه‌ها و از تعاریف عبارت civil disobedience دیده

می‌شود، civil در اینجا، به معنای مدنی، یعنی مسایل مرتبط با شهروندان و قانون می‌باشد و در بیشتر تعاریف، آنرا نشانه‌ای از غیرخشونت‌آمیزبودن این عمل نیز می‌دانند.[۱]

واژه disobedience از پیشوند «-dis» و کلمه obedience تشکیل شده است. پیشوند «-dis» در فرهنگ لغت انگلیسی، برای ساختن «متضاد» و واژه «مخالف» یک کلمه استفاده می‌شود.[۲]

میتوان این پیشوند را در فارسی با پیشوندهای«نا»، «نَ»یا «بی» همسان دانست که حرف نفی هستند و به اول فعل، مصدر، حاصل مصدر، اسم و صفات اضافه می‌شوند.[۳] مثالهایی از کلمات با این پیشوندها در انگلیسی و فارسی عبارتند از:**dis**ability- **نا**توانی، **dis**comfort- **نا**راحتی، **dis**agree- توافق **نکردن**، **dis**use- استفاده **نکردن**، **dis**belief- **نا**باوری یا **بی** اعتقادی، **dis**trustful- **بی** اعتماد.

حال با توجه به آنکه کلمه obedience یک اسم است و به معنای اطاعت، پیروی، فرمانبرداری یا فرمانبری می‌باشد، با اضافه نمودن «-dis» به ابتدای آن، معنایش عدم اطاعت، نافرمانبرداری، نافرمانبری یا شکل ساده‌تر و مناسب‌تر آن «نافرمانی» می‌شود (در لغت نامه دهخدا سه کلمه نافرمانبرداری، نافرمانبری و نافرمانی به یک معنا هستند.)

نهایتا آنکه، «نافرمانی مدنی» را معادل عبارت civil disobedience در فارسی می‌دانند که در واژگان علوم سیاسی نیز به همین عنوان معروف است.

حال بر اساس همین روش، واژه شناسی «بدفرمانی مدنی» را که به‌طور مختصر مفهوم آن توضیح داده شد، بررسی می‌کنیم تا ریشه وضع این عبارت و تفاوت آن از «نافرمانی مدنی» و معادل پیشنهادی آن در زبان انگلیسی مشخص شود.

۱- فرهنگ لغت آریانپور

۲- Longman Dictionary of Contemporary English

۳- لغت نامه دهخدا

برعکس روش فوق که ابتدا واژه انگلیسی وجود داشت و معادل آن در فارسی تعیین گردید، این بار اما واژه‌شناسی عبارت بدفرمانی را، ابتدا در زبان فارسی بررسی نموده و سپس معادل آن را در زبان انگلیسی مشخص می‌کنیم.

کلمه «بد» در زبان فارسی، صفتی است که در بسیاری موارد در ترکیب با اسمها، صفت مرکب می‌سازد (مانند بدآموز، بدرفتار) و با افزودن «ی» مصدری به انتهای این صفتها، از آن مصدر مرکب ساخته می‌شود (مانند بدآموزی، بدرفتاری). مصدرهایی که با اضافه نمودن کلمه «بد» ساخته می‌شوند، معنای «ناقص یا بد انجام شدن» یک عمل را نشان می‌دهند. به‌طور مثال صفت «بداعتقاد» به معنای «بداندیشه» یا «آنکه اعتقادش بد است»، بکار می‌رود.[۱] یعنی کسی که درباره چیزی اعتقاد و اندیشه‌ای بد و نادرست دارد و نه آنکه اعتقاد ندارد. اما کلمه «بی اعتقاد» به معنای کسی است که به چیزی یا امری، اصلا اعتقاد و باور ندارد.

در مثالی دیگر تفاوت واژه‌های «بد استفاده‌کردن» و «استفاده‌نکردن» را می‌توان در نظر گرفت. در عبارت اول، استفاده نادرست و بد از چیزی یا وسیله‌ای استنباط می‌شود، درحالی‌که در دومی، عدم استفاده از چیزی موردنظر است. در نمونه دیگر می‌توان به کلمه «بدفهمی» اشاره کرد که به معنای فهمیدن غلط یا ناقص است و معنی آن با کلمه «نفهمی» متفاوت است؛ زیرا که دومی اساسا، نفی هر گونه فهمیدن است. بدیهی است اختلاف این دو معنا، کاملا برای خواننده آشکار است.

با در نظر گرفتن توضیحات بالا، ما می‌توانیم برای نشان دادن مفهوم «بد پیروی کردن» یا «اطاعت بد و ناقص کردن» از یک قانون یا دستور، در زبان فارسی از واژه «بدفرمانبرداری» یا «بدفرمانبری» یا شکل ساده‌تر آن، «**بدفرمانی**» استفاده کنیم.

اما در ادامه، جهت خاتمه دادن به بحث واژه شناسی، تفاوت ذکر شده در بالا را در واژگان انگلیسی نیز نشان می‌دهیم تا مشخص شود که در زبان

۱- مرجع پیشین

انگلیسی چه معادلی برای واژه «بدفرمانی» میتوان در نظر گرفت؛ اگرچه که این معادل در زبان انگلیسی، تاکنون به این معنی به کار برده نشده است.

همان‌گونه که برای پیشوندهای «نا»، «نَ» یا «بی» در زبان فارسی، معادل پیشوند «-dis» در انگلیسی وجود داشت، معادل با پیشوند «بد» در زبان انگلیسی، پیشوند «-mis» وجود دارد که در ترکیب با کلمات مختلف، معنای «بد» یا «غلط» انجام‌دادن کاری را نشان می‌دهد. مثلا کلمه misgovern به مفهوم bad governing در واژگان انگلیسی است که معنای«بدحکومت‌داری» را می‌رساند، درحالی‌که این واژه به معنای نداشتن حکومت یا «بی‌حکومتی» (anarchy) نیست. برای پیشوند «-mis» مثالهای متعددی وجود دارد که به‌عنوان مثال می‌توان از misfortune، mismanage و mistranslate بترتیب به معنای «بدشانسی»، «بد اداره کردن» و «غلط ترجمه کردن» نام برد.

همچنین می‌توان تفاوت معنایی دو پیشوند «-mis» و «-dis» بر روی یک کلمه مشترک را مشاهده کرد. مثلا برای کلمه «بداعتقاد»، واژه misbeliever و برای کلمه «بی اعتقاد» واژه disbeliever وجود دارد که اختلاف معانی آنها دقیقا به همان شکل توضیح داده شده، برای معادل فارسی آنها است. برای مثال دیگری که درباره «بد استفاده کردن» و «استفاده نکردن» ذکر شد، در زبان انگلیسی، برای اولی واژه misuse و برای دیگری disuse بکار برده می‌شود.

حال با توضیحات فوق، به سادگی می‌توان واژه انگلیسی **misobedience** را برای معادل کلمه «بدفرمانی» استفاده نمود و تفاوت آنرا با واژه disobedience به معنای «نافرمانی» تشخیص داد. لازم به توضیح است که در برخی واژه‌نامه‌های زبان انگلیسی، برای کلمه misobedience، ترجمه mistaken obedience به معنای پیروی اشتباه و غلط ذکر شده است[1] که با معادل «بدفرمانی» همخوانی دارد، اگر چه در واژه نامه‌های معاصر غالبا آنرا با disobedience هم‌معنی دانسته‌اند، اما از این پس کاربرد این دو لغت و تفاوت

۱- Webster's Revised Unabridged Dictionary

معانی آنها را، بخصوص در واژگان علوم سیاسی، با توضیحات ذکر شده می‌توان بسادگی تفکیک نمود.

ویژگی‌های «بدفرمانی مدنی»

«بدفرمانی مدنی» یکی از روشها و رفتارهای اعتراض‌آمیز در برخورد با قانونی است که اقلیت یا اکثریت آنرا ناعادلانه می‌دانند. همان‌طور که پیشتر ذکر گردید، اگر قانونی «خوب» و «عادلانه» را کسی از افراد جامعه نقض کند، این عمل «نافرمانی مجرمانه» است که هم عملی غیراخلاقی است و هم آنکه مورد تایید هیچ عقل سلیمی نیست. قانون‌شکنی مجرمانه، غالبا از روی خودخواهی یا شرارت سر می‌زند، مگر در موارد خاصی که از روی اضطرار باشد (مانند رد کردن چراغ قرمز توسط خودرویی که حامل یک بیمار در وضعیت اضطراری است).

پس اولین ویژگی بدفرمانی مدنی اینست که این عمل، مانند نافرمانی مدنی در مواجهه با قانونی که ناعادلانه و نادرست فرض می‌شود، صورت می‌گیرد. معیار اینکه کدام قانون خوب و عادلانه و کدام قانون ناعادلانه است، در اینجا نیز مانند بحث های پیشین اختلافات و مناقشات بسیاری را در پی دارد که در این بحث به آن نمی‌پردازیم و فرض می‌کنیم با قانونی مواجه هستیم که عده‌ای از مردم آنرا از روی وجدان انسانی یا باور جمعی ناعادلانه می‌دانند.

در عملِ بدفرمانی، شخص قانون ناعادلانه را به طور علنی نقض و نفی نمی‌کند، بلکه در ظاهر از آن پیروی هم می‌کند، اما به نحوی آن قانون را اجرا می‌کند که تا حد ممکن از مجازات نقض قانون در امان باشد. بدین‌منظور، تا جایی‌که شخص بتواند و منافعش به خطر نیفتد، آن قانون را «نصفه و نیمه» و حتی به شکل تغییر یافته اجرا می‌کند. در بسیاری موارد این نوع فرمانبری از قانون، تنها با حفظ شکل و ظاهر قانون و در همان حال با نقض یا بی توجهی به محتوای آن انجام می‌پذیرد و از همین رو «بدفرمانی»، واژه‌ای در خور برای آن است. پس مشخص می‌شود که یکی دیگر از ویژگی‌های بدفرمانی، غیرعلنی،

محتاطانه و محافظه‌کارانه بودن آن است. یعنی فرد قانونی را که ناعادلانه می‌داند، به طور کامل و آشکارا نقض و نفی نمی‌کند، زیرا که نمی‌خواهد منافعش به خطر بیفتد یا هزینه زیادی را تحمل کند و ترجیح می‌دهد روشی میانه که باصطلاح نه سیخ بسوزد و نه کباب را، برای نشان دادن مخالفت خود با قانون انتخاب کند. غیرعلنی بودن این حرکت، از یک سو با توجه به قصد کاهش هزینه اعتراض برای فرد صورت می‌پذیرد و از سوی دیگر به این معناست که شخص بدفرمان، در برابر مراجع قانونی، هیچگاه اقرار به اجرایِ بدِ قانون نمی‌کند و هدف اعتراضی خود را آشکار نمی‌سازد. درحالی‌که در نافرمانی مدنی، یکی از ویژگی‌های اصلی، علنی بودن آن در برابر قانونگذاران و عموم جامعه است.

این خصوصیت ذکر شده، در ذات خود نشانگر یک ویژگی دیگر بدفرمانی است و آن، تلاش فرد بدفرمان برای کاستن از هزینه اعتراض است زیرا با بهره‌گیری از این روش، نمی‌توان او را فردی نافرمان خواند که باید هزینه سرپیچی از قانون را بپردازد. بدین ترتیب شخصِ بدفرمان، قانون و قانونگذار و مجری قانون را گیج می‌کند.

از طرف دیگر بر خلاف نافرمانی مدنی که اغلب باید به‌صورت جمعی انجام شود تا تاثیرگذار باشد، بدفرمانی مدنی عملی است که اصولا به صورت فردی و با تصمیم فردی آغاز می‌شود، هر چند ممکن است همزمان توسط عده زیادی انجام پذیرد. غالبا هر فرد با روش و رفتار خاص خود، نوعی بدفرمانی را انجام می‌دهد که ممکن است با بدفرمانی شخص دیگر، کاملا متفاوت باشد. یعنی ممکن است دونفر که هر دو، قانون خاصی را ناعادلانه می‌دانند و قصد عدم اطاعت و اجرای ناقص آن را دارند، هر یک به شکلی بدفرمانی کنند و اجرای ناقص قانون توسط این افراد، کاملا با یکدیگر متفاوت باشد. البته در بسیاری موارد افراد از روش بدفرمانی یکدیگر آگاه می‌شوند، الگو می‌گیرند و آنرا بکار می‌بندند و در این صورت گاهی شاهد شکلی هماهنگ از بدفرمانی مدنی خواهیم بود. البته در این حالت هم اگر چه حرکتی فراگیر را شاهد هستیم، ولی این هماهنگی نه در اثر یک توافق و تصمیم جمعی و دارای رهبری، بلکه ناشی

از اقدام فردیِ همزمان و همسان تعداد زیادی از افراد است. پس یکی دیگر از ویژگی‌های بدفرمانی مدنی، فردی بودن و در نتیجه بدون رهبر بودن آن است.

همچنین برخلاف نافرمانی مدنی که حرکتی کاملا اخلاقی است، بدفرمانی مدنی ممکن است عنصری غیراخلاقی و منفعت‌طلبانه در خود داشته باشد. تظاهر به اجرای یک قانون و تبعیت از آن به شکل ناقص و در عین حال، ناعادلانه دانستن و مخالفت با آن در باطن خویش، نوعی ظاهرسازی را در فرد بوجود می‌آورد. به‌طورکلی عملی که فرد در ظاهر خود را موافق آن نشان دهد اما در باطن با آن مخالف باشد و در عمل آنرا وارونه انجام دهد، از نظر اخلاقی حکم رفتاری «ریاکارانه» را خواهد داشت و رفتار بدفرمانی مدنی در برخی موارد، خواه ناخواه با این توصیف منطبق می‌گردد.

از دیگر ویژگیهای این رفتار اعتراضی می‌توان به آگاهانه و عامدانه‌بودن آن اشاره کرد. ویژگی آگاهانه‌بودن این عمل، بدین معناست که فرد با آگاهی از اینکه قانون ناعادلانه است و در عین حال امکان و قدرت تغییر آن وجود ندارد و سرپیچی از آن پرهزینه است، دست به بدفرمانی می‌زند. همچنین شخص بدفرمان، غالبا آگاه است که آنچه او به عنوان اطاعت از قانون انجام می‌دهد، براستی چیزی نیست که قانون‌گذار می‌خواهد بلکه تنها حفظ ظاهر آن قانون است.

بدفرمانی مدنی معمولا عمدی و با هدف دهن‌کجی به قانون ظالمانه انجام می‌شود و آنرا نمی‌توان از روی تصادف و سهوی دانست. این حرکت با تمامی اوصاف ذکر شده اش، اعتراضی عمدی است که با اهداف و دلایل متفاوت انجام می‌گیرد. البته شاید بتوان نمونه‌ای از اجرای ناقص یک قانون را مثال زد که فرد عامدانه آنرا انجام نداده باشد؛ در این صورت این عمل نه رفتاری اعتراضی بلکه عملی است که سهوا انجام شده و نمی‌توان آنرا با در نظر گرفتن تعاریف و مشخصات ذکر شده، بدفرمانی نامید.

از سوی دیگر، با توجه به تعریفی که پیش‌تر از پسوند مدنی ذکر شد، کاملا آشکار است که مسالمت‌آمیز و خشونت‌پرهیز بودن، از دیگر ویژگی‌های بدفرمانی مدنی است. این حرکت با توجه به ذات محافظه‌کارانه (و تا حدی

منفعت‌طلبانه) که در خود دارد، حتی از نافرمانی مدنی نیز مسالمت‌آمیزتر و ملایم‌تر است، زیرا در نافرمانی مدنی، ممکن است حکومت و سیستم قانون‌گذار دست به اعمال خشونت بر ضد نافرمانان بزند (مانند رفتار خشونت‌آمیز با گاندی، مارتین لوترکینگ و ماندلا)، اما در حرکت بدفرمانی مدنی، اساسا حکومت دچار نوعی گیجی و بلاتکلیفی می‌شود، زیرا که این حرکت بنا به خاصیت دوگانه خود در حفظ ظاهر و نقض باطن قانون، دست حکومت را در اعمال خشونت تا حدی می‌بندد. البته اعمال خشونت در برابر بدفرمانی مدنی همانند نافرمانی مدنی بستگی به سطح خشونت‌ورزی و بی‌رحمی حکومت دارد. بطور مثال نمونه های زیادی از اعمال خشونت در برابر بدفرمانی مدنی در ایران مشاهده شده است.

نهایتا آنکه می‌توان خصوصیات دیگری برای بدفرمانی مدنی برشمرد که ممکن است آنها را بتوان نتایج خصوصیات اصلی ذکر شده دانست، مانند بدون تئوری بودن این حرکت، فراگیرشدن آن به شکل یک جنبش پنهان یا زمانبر بودن تاثیر آن.

بدفرمانی مدنی با توجه به ویژگی‌های ذکر شده، ممکن است هیچگاه به تغییر قانون یا رفتار ناعادلانه منجر نشود، ولی بی‌تردید موجب استحاله و بی‌اثری آن قانون (یا سیاست) در میان مدت یا بلند مدت خواهد شد.

در بخش‌های بعدی که به بررسی نمونه رفتارهای منطبق با بدفرمانی مدنی در جامعه ایران خواهیم پرداخت، ویژگی‌های ذکر شده برای آن و تفاوتش با دیگر رفتارهای اعتراضی، برای خواننده ملموس‌تر خواهد شد. در انتها ویژگی-های اصلی نافرمانی مدنی و بدفرمانی مدنی در جدول ۲ جهت مقایسه ذکر شده است تا شباهت‌ها و تفاوت‌های اصلی آنها مشخص شود.

جدول ۲: مقایسه ویژگیهای اصلی نافرمانی مدنی و بدفرمانی مدنی

	اعتراض به قانون ناعادلانه	شرافتمندانه بودن	عمدی بودن	علنی بودن	پذیرش مجازات	عدم‌خشونت
نافرمانی مدنی	√	√	√	√	√	√
بدفرمانی مدنی	√	⁕	√	×	×	√

√ لزوم وجود این ویژگی

× تصریح نبود این ویژگی

⁕ ممکن است شرافتمندانه یا منفعت‌طلبانه باشد

⁕⁕⁕

پیش از آنکه به بررسی نمونه های بدفرمانی مدنی در جامعه ایران پرداخته شود، نگاهی کوتاه به روحیات و جامعه‌شناسی مردم ایران خواهیم داشت تا پیش‌زمینه و مشخصات رفتاری ایرانیان که آنها را مستعد بدفرمانی ساخته است، برای خواننده مشخص گردد.

روحیات ایرانیان و «بدفرمانی»

خصوصیات اخلاقی افراد هر جامعه که در اثر عوامل مختلفی شکل می‌گیرد، بر نوع رفتار آنها در رویارویی با مسایل و مشکلات تاثیر خواهد داشت. این روحیات اخلاقی و رفتاری مردمان، ناشی از عوامل تاریخی، نژادی، طبیعی و سنتهای اقتصادی، فرهنگی و مذهبی هستند که برخی ریشه‌ای عمیق و طولانی دارند. بعضی دیگر عوامل کوتاه مدت و گذرا نیز مانند مشکلات سیاسی، اجتماعی، اقتصادی، نوع حکومت و عادتهای عمومی بر شکل‌گیری برخی از این روحیات و خلقیات تاثیرگذار هستند و با تغییر هر یک از این عوامل، این خصوصیات نیز در مدت کوتاهی تغییر می‌کنند.

خلقیات ایرانیان با توجه به سابقه طولانی و تاریخی تمدن و فرهنگ ایران، متاثر از بسیاری عوامل قدیم و جدید است که در این‌باره کتابهای فراوانی درباره جامعه شناسی مردمان ایران و بررسی خصوصیات رفتاری، روحیات، خلقیات و علل وجود آنها به رشته تحریر درآمده است.

با توجه به اینکه نوع حرکتهای اعتراضی مردمان یک کشور، رابطه‌ای تنگاتنگ و متناسب با روحیات و خلقیات آنها دارد، از این‌رو به بررسی برخی ویژگیهای اخلاقی ایرانیان که آنها را مستعد «بدفرمانی» کرده است، می‌پردازیم.

در این بخش با استناد به چند کتاب در این زمینه مانند کتاب «خلقیات ما ایرانیان» (نوشته محمد علی جمال‌زاده)، کتاب «جامعه شناسی خودمانی» (نوشته حسن نراقی) و همچنین کتاب سازگاری ایرانی (نوشته مهدی بازرگان) که همگی نثری ساده و روان دارند، به برخی رفتارها و اخلاقیات ایرانیان که میتواند بر نوع رفتار اعتراضی آنها اثر بگذارد، مروری اجمالی خواهیم داشت. لازم به ذکر است در اینجا تنها به برخی خصوصیات رفتاری ایرانیان پرداخته می‌شود که از نظر نویسنده بنوعی مرتبط با رفتار اعتراضی بدفرمانی است و دیگر خصوصیات اخلاقی - رفتاری مردم ایران، مورد بحث نخواهد بود.

همچنین ممکن است سخن گفتن از برخی خصوصیات و رفتارها خوشایندمان نباشد ولی اگر باعث گردد که ما را به خودشناسی و رفع ایراداتمان ترغیب کند، نباید از بیان آنها برآشفته شویم، بلکه شاید بتوانیم به علت های درونی و بیرونی آن پی برده و خود را اصلاح کنیم تا آینده‌ای بهتر و پر امیدتر داشته باشیم. به قول نظامی گنجوی:

آینه گر عیب تو بنمود راست

خود شکن، آینه شکستن خطاست

ظاهرسازی و عدم‌صداقت

گفته شدکه یکی از خصوصیات «بدفرمانی مدنی»، حفظ ظاهر تبعیت از قانون در عین سرپیچی باطنی از آن است درحالی‌که در «نافرمانی مدنی» شخص نافرمان، به طور آشکار از قانونی که آنرا ناعادلانه می‌داند، سرپیچی می‌کند و در ظاهر نیز به نقض قانون معترف است. این ویژگی ظاهرسازی، خواه‌ناخواه نوعی ریاکاری و عدم صداقت را در بر خواهد داشت. در بررسی وجود این خصوصیت در ما ایرانیان، کتاب جامعه شناسی خودمانی می‌نویسد:

"رنگ به رنگ شدن، بوقلمون صفتی، نان را به نرخ روز خوردن یعنی حاکم معزول را لگد زدن، از جلو میز حاکم منصوب دست به سینه و عقب عقب از در خارج شدن و صدها مثال قابل دسترس دیگرکه مجبوریم همه به هم دروغ بگوییم و هر ناملایمی را به جای **اعتراض صریح**، با **تظاهر** به خود هموار کنیم. این است که برای هیچ مرجعی و برای هیچ مقامی ارزش واقعی قائل نیستیم. به قوانین هم که گفتم پای‌بندی نشان نمی‌دهیم، بلکه تسلیم می‌شویم، ولی از روی باور هرگز اطاعت از قوانین نمی‌کنیم. چون این جرات را نداریم که رو در رویش بایستیم و صراحتا با او مخالفت کنیم."[1]

عدم صراحت ایرانیان که ما را به مردمانی تعارفی نیز مشهور کرده است و شاید بتوان آنرا بخشی از ویژگی ظاهر سازی ما دانست، تاثیر زیادی در ترجیح رفتار اعتراضی ما به شکل غیرعلنی دارد. ما ایرانیان حتی در مواجهه با یکدیگر،

۱- کتاب «جامعه شناسی خودمانی»، صفحه ۱۳۰

در روابط خانوادگی، روابط دوستانه و روابط کاری، انتقادهایمان را صریح ذکر نمی‌کنیم و بدیهی است که اعتراض در برابر دولت و حکومت که دیگر جای خود دارد.

متاسفانه به نظر می‌رسد روحیه عدم صداقت از ویژگی‌های دیرپا در ایران بوده است و درنوشته‌های نویسندگان ایرانی و بسیاری از ناظران خارجی که مدتی را در ایران بسر برده اند نیز به این خصلت بارها اشاره شده است. **میرزا آقا خان کرمانی** در روزنامه شفق در سال ۱۳۱۱ در این‌باره می‌نویسد:

"[ایرانیان] پایبند هیچ یک از مکلفات اخلاقی نیستند. دروغ می‌گویند، فریب می‌دهند، مانند خاکشیر به هر مزاجی می‌سازند. در مقابل هر باری تسلیم می‌شوند و این کار را زبر و زرنگی می‌دانند. از خود رای و اختیار زیادی ندارند. امروز از یک چیز تعریف می‌کنند و فردا با لحن زننده‌ای همان چیز را تکذیب می‌کنند. مبالغه و خوش‌آمدگویی را به جایی می‌رسانند که مقام فرشتگان را به یک نفر می‌دهند و لحظه‌ای بعد همان شخص را، مجسمه وقاحت و جانشین ابلیس می‌خوانند." ۱

در میان خارجیان نیز، درباره روحیه عدم‌صداقت ایرانیان، بسیار گفته شده که در اینجا به بعضی از آنها، از کتاب «خلقیات ما ایرانیان» اشاره می‌شود.

جیمس موریه انگلیسی، مولف کتاب مشهور «سرگذشت حاجی بابای اصفهانی»، هم در این کتاب و هم در «سیاحت نامه» های خود در ایران، مطالب بسیاری درباره خلقیات ایرانیان نوشته است و شاید هیچکس مانند او در این باب داد سخن سر نداده باشد. او در نکوهش ایرانی‌ها نوشته:

"به ایرانیان دل مبندید که وفا ندارند و آدم را بهدام می‌اندازند. دروغ ناخوشی ملی و عیب فطری ایشان است و قسم، شاهد بزرگ این معنی. قسم های ایشان را ببینید، سخن راست را چه احتیاج به قسم است. بجان تو، بجان خودم، بمرگ اولادم، بروح پدر و مادرم، به مرگ تو، بنان و نمک، به پیغمبر، بقرآن، به حسن، به حسین، از اصطلاحات سوگند ایشان است." ۲

۱- مرجع پیشین، صفحه ۲۸

۲- کتاب «خلقیات ما ایرانیان»، صفحات ۸۹ و ۹۰

گوبینو دانشمند معروف فرانسوی در کتاب خود که «سه سال در ایران» نام دارد و ذبیح الله منصوری آنرا به‌فارسی ترجمه نموده، درباره اخلاق ایرانیان مطالب بسیاری دارد و از آن جمله می‌نویسد:

"محال است شخصی بتواند بگفته آنها اعتماد نماید زیرا هر چه می‌گویند، غیر از آن است که فکر می‌کنند و آنچه فکر می‌کنند غیر از گفتار آنهاست." [۱]

پروفسور براون در کتاب خود «یک سال در میان ایرانیان» می‌نویسد:

"معدن‌شناس بلژیکی می‌گفت که یکی از معایب بزرگ ایرانیها این است که ظاهر و باطن آنها با یکدیگر فرق دارد و در حالی که ظاهرا اظهار خصوصیت می‌کنند، در باطن دشمن انسان هستند." [۲]

استیلن میشو از اساتید دانشگاه ژنو در کتاب خود موسوم به نامه‌های مشرق‌زمین درباره ایرانیان چنین نوشته است:

"ایرانی همیشه شخصیت مخصوص به خودش را حفظ می‌نماید و این شخصیت عبارت است از یک نوع نرمی و انعطاف پذیری که به هر شکلی در می‌آید و برای یک نفر مغرب زمینی که معتاد به صراحت و تشخیص صریح بین خوبی و بدی است، باعث انزجار خاطر می‌گردد. آنچه ما را در مورد ایرانیان به وحشت می‌اندازد، این است که ما هرگز وقتی با یک نفر ایرانی سر و کار پیدا می‌کنیم، نمی‌توانیم بفهمیم که درستی عقیده او از چه قرار است و درباره امور چگونه فکر می‌کند. حتی اگر بیست سال هم با او معاشر و محشور باشیم، ضمیر او بر ما مجهول خواهد ماند. ایرانیان عقیده راسخ و قطعی ما را درباره دروغ نمی‌فهمند و مخفی داشتن فکر و عقیده و مستور داشتن نظر و اندیشه و اظهار داشتن عقیده‌ای که کاملا برخلاف عقیده آنهاست، بحکم «کتمان»، نه تنها برای آنها بلکه برای قاطبه اهالی مشرق‌زمین، کاری است بسیار طبیعی." [۳]

ژان لارتگی روزنامه نویس فرانسوی در کتابش به نام «ویزا برای ایران» که درسال ۱۹۶۲ در پاریس به‌چاپ رسیده است، می‌نویسد:

۱- مرجع پیشین، صفحه ۸۷

۲- مرجع پیشین، صفحه ۷۵

۳- مرجع پیشین، صفحات ۱۱۱ و ۱۱۲

"با مطالعه در تاریخ ایران، علل و اسباب پاره‌ای از جنبه‌های اخلاقی ایران و علی‌الخصوص این بی‌اعتنائی کامل آنها به راستگویی و حقیقت‌گویی روشن می‌گردد و علت واقعی، همان چیزی است که گوبینو آنرا به «کتمان» تعبیر نموده است. کتمان، در حقیقت عبارت است از همان نرمی و ملایمتی که چه بسا بصورت همان بی‌حالی و بی‌اعتنائی معروف ایرانیان جلوه‌گر می‌شود و حکم نقاب و ماسکی را پیدا می‌کند که پنداری ایرانیان بصورت خود زده‌اند. این کتمان در واقع با خستگی روحی فرقی ندارد و عبارتست از رغبت مفرطی که ایرانیان عموما بنفع و سود فوری و به «دم را غنیمت دان» دارند و بدبینی و بی‌اعتقادی و بی‌ایمانی که از خصایص اخلاقی آنهاست، از همین‌جا سرچشمه می‌گیرد." [1]

اگر چه آنطور که ذکر شد، بسیاری درباره روحیه عدم صداقت در ایرانیان داد سخن سر داده اند، لیکن نباید فراموش کرد که وجود ظلم و اجحاف و نبود حاکمانی درست و صادق در طول تاریخ، در ایجاد این روحیه در ایرانیان تاثیر بسیاری داشته است. جالب است که مورخ بزرگ **هرودوت** که او را ابوالمورخین خوانده‌اند، بیست و چهار قرن پیش درباره پارسیان دوره هخامنش چنین گفته است:

"ایرانی مجاز نیست از چیزی که عملش قبیح و غیر مجاز باشد، سخن براند و در نظر آنها هیچ چیز شرم انگیزتر از دروغ گفتن نیست." [2]

همچنین **ونسان مونتی**که درکتاب کثیرالانتشار «ایران» درباره روحیه دورویی و دروغگویی ایرانیان می‌نویسد، در خصوص ضمیر و روح ایرانیان چنین نوشته است:

"در پشت پرده، روح ملتی پنهان است که از دوران طفولیت منهوب و درهم‌کوفته است چون به ناامیدی خو گرفته است. درست است که از چندی بدین‌طرف دیگر معلم مدرسه، شاگردانش را با چوب نمی‌زند ولی طفل خردسال

۱- مرجع پیشین، صفحه ۱۱۹

۲- مرجع پیشین، صفحه ۱۶

و جوان، از ظلم و بیدادی که راه و رسم حکومت گردیده است، چه انتظاری می‌تواند داشته باشد." [۱]

حتی **ژان لارتگی** که نظراتش درباره روحیه کتمان‌کاری ایرانیان در بالا ذکر گردید، در جای دیگر از کتاب خود می‌نویسد:

"هر چند ایرانیان قرنهای زیادی است که در تحت حکومتهای سست و فاسد زندگی کرده‌اند و رسما و به‌صدای بلند، به زرنگی و نادرستی خود می‌نازند، اما عجب آنکه صادقانه برای درستی و پاکی احترام عمیقی قائلند." [۲]

این خصوصیات اخلاقی و رفتاری ایرانیان که متاسفانه ریشه‌هایی عمیق و تاریخی دارند، شاید تا حدی توضیح دهد که چرا ایرانیان «بدفرمانی» را به «نافرمانی» ترجیح می‌دهند.

مسئولیت ناپذیری و عدم مقاومت

"اکثریت ما ایرانی‌ها کمتر موقعی است که مسئولیتی را که بر عهده داریم، بجا آوریم یا بهتر است بگوییم، «مسئولیت کامل» امری را بپذیریم. این مسئولیت می‌تواند مربوط به انجام کاری باشد که بر عهده‌مان گذاشته‌اند یا مسئولیت و پاسخگویی در برابر کاری است که انجام داده‌ایم." [۳]

این مسئولیت‌ناپذیری باعث می‌شود که نوعی سرهم‌بندی و پشت‌هم‌اندازی در بسیاری اقدامات ما ایرانی‌ها خود را نشان دهد. طبیعتا وقتی که می‌خواهیم اعتراض هم بکنیم، چون آنرا هم نمی‌خواهیم مسئولانه انجام دهیم، حاضر به مقاومت و پرداخت هزینه برای اعتراضمان نخواهیم بود و تلاش می‌کنیم تا حد امکان، اعتراض خود را به گونه‌ای ابراز کنیم که مسئولیت و دردسری برایمان ایجاد نکند. **جمال‌زاده** در توصیف این اخلاق ایرانیان می‌نویسد:

"چطور می‌خواهی دلم به حال این مردم دوز و کلکی مزاج نسوزد که برای حل و فصل معضلات امور و مشکلات دنیا، تنها به سه طریق معتقدند که

۱- مرجع پیشین، صفحه ۱۱۳

۲- مرجع پیشین، صفحه ۱۲۵

۳- کتاب «جامعه شناسی خودمانی»، صفحه ۱۰۱

عبارتست از «سرهم بندی»، «ماست مالی» و روش مرضیه «ساخت و پاخت». این هر سه از مبتکرات فکر بدیع و از کشفیات قریحه سرشار خودشان است و در این میدان، الحق که گوی سبقت را از جهان و جهانیان ربوده‌اند." [1]

در همین باره **گوبینو** دیپلمات فرانسوی در کتاب «سه سال در ایران» در مورد ایرانیان می‌نویسد:

"زندگی مردم این مملکت عبارتست از سر تا پا یک رشته توطئه و یک سلسله پشت سرهم اندازی. فکر و ذکر هر ایرانی، فقط متوجه این است که کاری را که وظیفه اوست، انجام ندهد. ارباب، مواجب گماشته خود را نمی‌دهد و نوکر تا می‌تواند ارباب را سرکیسه می‌کند. از بالا گرفته تا پایین، در تمامی مدارج و طبقات این ملت، جز حقه‌بازی و کلاه‌برداری بی‌حد و حصر و بدبختانه علاج ناپذیر، چیز دیگری دیده نمی‌شود و عجیب آنکه این اوضاع دلپسند آنان است و تمامی افراد هر کس به سهم خود از آن بهره‌مند و برخوردار می‌شوند و این شیوه کار و طرز زندگی روی‌هم‌رفته از زحمت آنان می‌کاهد و به همین دلیل کمتر کسی حاضر به تغییر این وضع است." [2]

مهدی بازرگان در کتاب کوچک ولی با اهمیت «سازگاری ایرانی» روحیه عدم مقاومت و به تعبیر زیبای خودش «سازگاری» ایرانیان را با چند مثال تاریخی به شکل ملموس توضیح می‌دهد و بیان می‌دارد که راز ماندگاری این ملت را شاید بتوان در خصوصیات عدم مخالفت و عدم سرسختی مسئولانه آنها جستجو نمود:

"وقتی بنا شد ملتی به طور جدی با دشمن روبه‌رو نشود، تا آخرین نفس نجنگد و بعدِ مغلوب‌شدن سرسختی و مخالفت نکند، بلکه تسلیم اسکندر شود و آداب یونانی را بپذیرد، اعراب که می‌آیند در زبان عربی کاسه داغتر از آش شده، صرف و نحو بنویسد یا کمر به خدمت خلفای عباسی بسته دستگاهشان را به جلال و جبروت ساسانی برساند، در مدح سلاطین ترک چون سلطان محمود غزنوی که بر تختش می‌نشینند، آبدارترین قصائد را بگوید، غلام حلقه به گوش

۱- مرجع پیشین، صفحه ۲۶

۲- مرجع پیشین، صفحه ۱۲۷

چنگیز و تیمور و خدمتگزار و وزیر فرزندانشان گردد، یعنی هر زمان برنگ تازه‌وارد درآید و بهرکس و ناکس تعظیم و خدمت کند، دلیل ندارد که نقش و نام چنین مردمی از صفحه روزگار برداشته شود. سرسخت‌های یک‌دنده و اصولی‌ها هستند که در برابر مخالف و متجاوز می‌ایستند و به جنگش می‌روند، یا پیروز می‌شوند و یا احیانا شکست می‌خورند و وقتی شکست خوردند، حریف چون زمینه سازگاری نمی‌بیند و با مزاحمت و عدم اطاعت روبرو می‌شود، از پا درشان می‌آورد و نابودشان می‌کند. در حمله مغول دیدیم که شرق و شمال ایران بعلت مختصر مقاومتی، با خاک یکسان شد، ولی امرای فارس تسلیم شدند و ایالت فارس سالم ماند." [۱]

در همین باره **ژان لارتگی** روزنامه نویس فرانسوی از قول **گوبینو** می‌نویسد:

"اگر ایرانیان توانسته‌اند در مقابل آن همه حمله و هجوم و استیلا استقامت بورزند و زنده بمانند، تنها از راه همین خم کردن گردن و سرفرودآوردن بوده است، در صورتیکه اگر می‌خواستند سربازان و سلحشوران شجاعی باشند و بجنگند و مبارزه کنند، بلاشک بکلی از میان رفته، قلع و قمع و ریشه کن شده بودند و بهمین ملاحظه در مقابل وحشیگری و سبعیت و زور و نادانی و خشونت، هوشمندی و مهارت را سپر خود ساختند و بهمین وسیله توانستند اسرار خود را در سینه پنهان و محفوظ بدارند و خلاصه آنکه از برکت همین سلاح «کتمان» که بعدها در مقابل تعصبهای مذهبی بکار بردند، توانستند زنده بمانند." [۲]

او در جای دیگر همچنین می‌گوید:

"ایرانی آدمی است سازگار که با همه چیز می‌سازد ولو گاهی هم ژاندارم زهر خود را باو بچشاند و یا از دست ارباب آزار ببیند." [۳]

۱- کتاب «سازگاری ایرانی»، صفحات ۴۰ و ۴۱

۲- کتاب «خلقیات ما ایرانیان»، صفحه ۱۲۰

۳- مرجع پیشین، صفحه ۱۲۵

بهرحال این عدم مقاومت و همرنگی در رویارویی با دشمن خارجی یا داخلی، اگر چه ممکن است که به استحاله آن دشمن بیانجامد، ولی بی‌تاثیر در تخریب شخصیت این چنین مردمی نیز نخواهد بود، هرچند رمز ماندگاری آنها نیز می‌شود. نراقی این مساله را اینگونه به تصویر می‌کشد:

"در این بازی ایرانی عجب صبری هم دارد. در تهاجم دشمن، اول کمی مقاومت می‌کند، اگر حریف نشد تسلیم می‌شود و بعد همرنگ. وقتی جلب اعتماد کرد به آرامی آن چنان استحاله‌ای در دشمن غالب بوجود می‌آورد، آن چنان پدری از صاحب بچه در می‌آورد و تغییر فرم و رفتاری به دشمن می‌دهد که هیچ چیزش شبیه روز اولش نیست. ولی خودش هم چیزهایی را که از دست داده، چیزهای کمی نبوده. بالاخره سرآمد همه‌ی آنها شرفش بوده، غرور و افتخارش بوده." [۱]

مبارزه و اعتراض جدی و پایدار در برابر ظلم و تجاوز، نیازمند حدی از روحیه‌ی مقاومت و مسئولیت‌پذیری است و در صورتیکه این روحیه در ملتی ضعیف گردد، باعث می‌شود که آن ملت یا دیگر مقاومت و اعتراضی از خود بروز ندهد یا آنکه مردمان به شکلی هوشمندانه و زیرکانه به شیوه اعتراضی روی بیاورند که نیاز به مقاومتی جانانه و مسئولانه نباشد. این خصوصیات یقینا دربکارگیری بدفرمانی مدنی توسط ایرانیان بی‌تاثیر نبوده است.

خودمداری و منفعت‌طلبی

در بررسی خصوصیات «بدفرمانی مدنی»گفته شد که یکی از مشخصات آن محافظه‌کاری و منفعت‌طلبیِ فردی آن است، درحالی‌که در نافرمانی مدنی اساسا اعتراض بر پایه منفعت و خیر جمعی صورت می‌گیرد. شاید رویکرد ما ایرانیان به بدفرمانی به جای نافرمانی از خصیصه خودمداری و منفعت‌طلبی که تا حد زیادی در ما وجود دارد هم ناشی می‌شود.

کتاب «در پیرامون خودمداری ایرانیان»، "گرایش انسان به زندگی در محدوده‌ی رفع نیازها و تحقق منافع و مصالح شخصی و خصوصی، بی‌واسطه‌ی

۱- کتاب «جامعه شناسی خودمانی»، صفحه ۸۰

آنی و فوری"[۱] را به عنوان تعریف خودمداری ارائه می‌دهد و حکومت استبدادی را به عنوان عامل اصلی سیاسی- اجتماعی خودمداری ایرانیان[۲] مطرح می کند. از سوی دیگر یادآور می‌شود که "خودمداری، متناظر با مسئولیت ناپذیری در خصوص وظایف اجتماعی فرد است."[۳]

کتاب جامعه‌شناسی خودمانی درباره اخلاق خودخواهی ایرانیان، می‌نویسد:

"مطلب بعدی خودخواهی ایرانی است. یعنی اینکه تمامی مسائل، حوادث، اتخاذ تصمیمها، قانون‌ها و حتی سرد و گرم‌ها یک متری دارد به نام خودم که تمامی دنیا را با آن متر می کند. کمتر اتفاق می‌افتد که بگوید فلان قانون که به تازگی در دولت یا مجلس وضع شد، به ضرر من است ولی در مجموع قانون سودمندی است و برای بقیه مردم خیلی مفید است. و با این روحیه نفع‌طلبی فردی، اگر همین حضرت قانون‌گذار شد، چگونه می‌شود از او توقع بی‌نظری را در اتخاذ تصمیمش داشته باشیم، مگر آنکه اصلا قانون جدید، در حیطه منافعش دخالتی نداشته باشد." [۴]

رابرت گرنت واتسن انگلیسی در سال ۱۸۶۵، در کتاب خود موسوم به «تاریخ ایران در دوره قاجاریه» در باب این اخلاق منفعت‌طلبی و خودمحوری ما ایرانیان سخنانی دارد. او می‌نویسد:

"یک فرد ایرانی شاید کمتر از هر فرد دیگری در روی زمین حاضر است در راه منافع کشور خود قدمی بردارد و وقتی او در فکر صلاح وطن خویش است - که البته هیچگاه و به‌هیچ‌وجه با منافع شخص او قابل قیاس نیست– باز در دلش می‌پندارد که در دنیا کشوری که شایسته مقایسه با ایران باشد وجود ندارد." [۵]

۱- کتاب «در پیرامون خودمداری ایرانیان»، صفحه ۲۸

۲- مرجع پیشین، صفحه ۳۷

۳- مرجع پیشین، صفحه ۱۸۰

۴- کتاب «جامعه شناسی خودمانی»، صفحه ۱۴۴

۵- کتاب «خلقیات ما ایرانیان»، صفحه ۹۵

در اینباره **ژان لارتگی** در وصف ایرانیان در موقع ملی شدن نفت، نکات جالبی از رفتار متضاد ما ایرانیان می‌نویسد:

"برای ما اروپاییها که در ایران می‌زیستیم، ایرانی آدمی بود که همواره نفع و سود خود را بر نفع و سود جامعه مقدم می‌داشت. ولی همین ایرانی روزی رسید که انگلیسیها را از خاک ایران بیرون انداخت و بدون اینکه کمترین اعتنایی به منافع خود داشته باشد، یکی از بهترین سرچشمه‌های نفت دنیا را خشکاند و رسما اعلام نمود که خودکشی را بر حیات تعبدآمیز ترجیح می‌دهد." ۱

در بیان فوق کاملا آشکار است که در دورانهایی، هر چند کوتاه، که حکومتهای ملی و غیراستبدادی (مانند دولت ملی دکتر مصدق) در کشور حاکم بوده‌اند، چگونه این روحیه خودمداری و منفعت‌طلبی تضعیف گشته و جای خود را به ترجیح منافع ملی داده است.

اما از آنجا که دوران حکومتهای استبدادی بیشتر تاریخ ما را تشکیل داده است، اراده جمعی و فردی برای اعتراض اصولی که معطوف به اصلاح‌گری باشد، شکل نگرفته و خودخواهی ما سعی در یافتن روشهایی می‌کند که منفعت فردی‌مان را تامین کند و حتی اعتراض ما را شکلی محتاطانه‌تر می‌دهد تا کمترین ریسکی برای منافعمان داشته باشد. از سوی دیگر این خودمداری، مانعی جدی در برابر اعتراضات جمعی هم می‌شود.

باهوشی، زیرکی و دست اندازی

علاوه بر سه دسته ویژگی نه چندان خوشایند که از نگاه نویسندگان و محققان ایرانی و خارجی درباره مردمان سرزمین‌مان، از آنها صحبت شد، خصوصیات دیگری را نیز می‌توان برشمرد که تاثیراتی بر نحوه رفتار اعتراضی ما دارند.

بی‌شک خصوصیت «باهوشی» و «زیرکی» ایرانیان را در این میان نمی‌توان نادیده انگاشت. شاید این باهوشی تا حدی باعث می‌شود که ایرانیان حتی در

۱- مرجع پیشین، صفحات ۱۲۱ و ۱۲۲

شرایطی کاملا پرفشار و پرهزینه، روشهای خاص خود را در نحوه اعتراضشان ابداع کرده و بکار گیرند.

از سوی دیگر آنها برخلاف عدم صراحتشان، با بذله‌گویی و شوخ‌طبعی که از آن بسیار بهره‌مندند، به دست‌انداختن همه چیز می‌پردازند و این تفاوتی نمی‌کند که دوست یا فامیل باشد، رییس اداره و مقامات حکومتی باشد یا هر کس دیگری و در هر مقامی.

گوته شاعر و حکیم بزرگ آلمانی درباره ایرانیان در مقدمه کتاب «دیوان شرقی» می‌گوید: *"می‌توان گفت که اصولا تمام افراد ملت ایران آدمهایی باذوق و نکته‌سنج و نکته‌دان و هوشمندند."* [1]

هانری مارتین از کشیشان انگلیسی که به قصد ترجمه انجیل و تورات به فارسی در سال ۱۸۱۱ میلادی به ایران آمده و ده ماه در شیراز اقامت داشته، در کتاب شرح زندگانی خود در باب ایرانیان می‌نویسد:

"این ملت بیچاره از ظلم و استبداد حکومت خود که هیچ چیز قادر نیست که جلو ظلم و اجحافش را بگیرد، فریادش بلند است. با اینهمه ایرانیان مردم باهوش و دل‌زنده‌ای هستند و استعداد دارند که بزرگترین و قادرترین ملت مشرق زمین باشند و تنها چیزی که کم دارند، همانا یک حکومت خوب و صالح است." [2]

حتی بیگانگانی که انتقادات تندی درباره خلقیات ذکر شده پیشین داشتند، به باهوشی ایرانیان معترف بوده‌اند؛ **رابرت گرنت واتسن** انگلیسی در همان کتابی که پیش‌تر از او ذکر شد، می‌گوید:

"ایرانیها به‌طور کلی باهوشند، اما هوش آنها غالبا توام با نادرستی و فقدان استقامت اخلاقی است." [3]

ژان لارتگی نیز درباره همین روحیات ایرانیان می‌نویسد:

۱- مرجع پیشین، صفحه ۷۴

۲- مرجع پیشین، صفحه ۸۸

۳- مرجع پیشین، صفحه ۹۸

"برای ما اروپاییها که در ایران می‌زیستیم، ایرانی آدمی بود تیزهوش و فطن ولی متغیرالاحوال که عشقی بدروغ گفتن داشت. آدم مهمان‌نوازی بود که خوشش می‌آمد طبقه حاکمه را دست بیندازد و مسخره کند و حتی ملاها را مورد طعن و طنز و استهزا قرار بدهد. ایرانی سخت معتقد است که از همه دنیا زیرک‌تر و زرنگ‌تر است و بهمین جهت، او باید سرانجام بر هر صاحب قدرت زورمندی فایق و غالب آید." [1]

حسن نراقی نیز در خاتمه‌ی کتاب جامعه‌شناسی خودمانی می‌نویسد:

"همه عیب‌هایی که برای این ایرانی عزیز برشمردیم درست، ولی به قول معروف جمله عیبش تو بگفتی، هنرش نیز بگو. ایرانی باهوش است، ایرانی زیرک است، باتدبیر است، ببینید فقط یک کمی که فرصت می‌گیرد خودش را چگونه به روی سکوی افتخار می‌برد." [2]

این زیرکی، باهوشی و رندی شاید تا حدی باعث شده که ایرانیان به راحتی تن به هر دستور و زوری ندهند. یعنی همان‌طور که گفته شد با روشهای ابتکاری خود، مقاومتی پنهان و زیرکانه را در برابر طرف خویش در پیش گیرند و دشمن خود را استحاله کنند. اگر چه مقاومت جانانه و اعتراض مستقیم نمی‌کنند، لیکن تن به فرمانبری کامل هم نمی‌دهند، اگر چه این زیرکی شاید بهای گرانی هم برای خودشان در درازمدت داشته باشد. نراقی می‌نویسد:

"نباید خیلی هم به این زیرکی بها داد. مساله و پرسش اصلی این است که به چه قیمتی؟ سراسر تاریخ را نگاه کنید. ایرانی ششصد و اندی سال صبر کرد تا خلیفه بغداد را به دست یک مهاجم دیگر در معیت دو وزیر ایرانی نمدمال کند. خوب چرا سال‌ها زودتر وقتی بابک بخت برگشته از همین آذربایجان سربلندمان سر برداشت، او را حمایت نکرد تا قال قضیه را بکند؟" [3]

۱- مرجع پیشین، صفحات ۱۲۱ تا ۱۲۳

۲- کتاب «جامعه شناسی خودمانی»، صفحه ۱۵۱

۳- مرجع پیشین، صفحه ۸۰

بررسی نمونه‌های «بدفرمانی مدنی» ایرانیان

حال پس از اینکه ویژگی‌های بدفرمانی مدنی ذکر گردید و همچنین از خلقیات و خصوصیات رفتاری مردمان ایران صحبت مختصری شد، برای ملموس‌تر کردن بحث بدفرمانی مدنی، به بررسی مثال‌هایی از این عمل اعتراضی در کشور خودمان می‌پردازیم. لازم به توضیح است که بعضی از این نمونه‌ها، توسط برخی از نویسندگان و کنشگران سیاسی و اجتماعی، در زمره «نافرمانی مدنی» محسوب شده است که با ارائه توضیحات لازم، مشخص می‌شود که چرا این مثال‌ها مصداق «بدفرمانی مدنی» است و نه «نافرمانی مدنی».

۱ مساله بدحجابی

یکی از معضلاتی که پس از انقلاب ۵۷ تاکنون در ایران با شدت و حدت مختلف وجود داشته، مساله‌ی قانون حجاب اجباری در ایران بوده است. این مساله در دهه‌های اخیر از یک سو با افزایش جمعیت جوان - و بخصوص ازدیاد تعداد دختران جوان - و از سوی دیگر با توجه به تغییر باورها، الگوها و ارزش‌های نسل جدید نسبت به نگاه نسل مذهبی- انقلابی به مساله حجاب، باعث شده تا حجاب زنان در ایران به عنوان یک مناقشه بین حکومت و بخش کثیری از ملت درآید که گاه به درگیری و خشونت هم می‌انجامد.

در اینجا درباره حجاب، به شکلی که حاکمیت آنرا تجویز و پسند می‌نماید یا پوششی که معترضان آنرا می‌پسندند، هیچ داوری نخواهیم داشت و این مساله در حیطه این پژوهش نیست. اما در اینکه عده‌ای از مردم که تعداد قابل توجهی از ملت ایران محسوب می‌شوند، قانون حجاب اجباری مورد نظر حکومت را عادلانه و قابل قبول نمی‌دانند، شکی نیست و از این‌رو این قانون از نظر آنان، یکی از مصادیق قانون ناعادلانه است که نسبت به آن معترض هستند.

حال به‌طور مثال کسانی‌که معترض و مخالف این قانونند، اگر بخواهند به روش نافرمانی مدنی در برابر آن اعتراض و مخالفت مسالمت‌آمیز کنند، باید از داشتن حجاب خودداری کرده و هزینه آنرا نیز بر طبق قانون (تبصره ماده ۶۳۸

قانون مجازات اسلامی) قبول کنند. ولی کسی در ایران به دلایل متعدد، در برابر این قانون «نافرمانی مدنی» نمی‌کند، بلکه به جای آن اغلب معترضان به «بدفرمانی مدنی» دست می‌زنند. یعنی به جای اینکه قانونی را که ناعادلانه می‌پندارند، نقض کنند و تن به اجرای آن ندهند، در عوض آن قانون را بد اجرا می‌کنند و باصطلاح بدحجاب هستند. «بی‌حجابی» (به طور مشخص درباره پوشش موی سر زنان) تعریف و نشانه‌ای مشخص و بارز دارد و شخص نافرمان و قانون‌گذار هر دو بر سر مصداق آن توافق خواهند داشت و مجازات و هزینه آن نیز در قانون ذکر شده است. اما درباره مساله بدحجابی، قانون‌گذار و افراد بدفرمان همواره در حال جدل خواهند بود، زیرا که شخص بدفرمان ادعای حفظ قانون را خواهد داشت و قانون‌گذار نیز ادعای نادرست بودن اجرای قانون را توسط بدفرمانان مطرح می‌کند و در نتیجه این نزاع را پایانی متصور نیست.

از این جهت، شیوه‌ی اعتراض به قانون حجاب در ایران یکی از مصادیق بارز بدفرمانی مدنی است. روشن است که هزینه‌های غیر قابل پیش‌بینی، مانند برخوردهای خشن و ضرب و شتم توسط ماموران- علاوه بر مجازاتی که در قانون آمده - برای کسی که بخواهد نافرمانی (بی‌حجابی) کند، باعث شده تا تمایل به اعتراض غیرعلنی و بدون درگیری مستقیم با حکومت بیشتر باشد. از این‌رو شکل اعتراض فردی و خودجوش — ولی فراگیر — نشانه‌های رویکرد بدفرمانی مدنی در مواجهه با قانون حجاب در ایران است.

اکبر گنجی، در یکی از نوشته‌های خود، مساله بدحجابی در ایران را به اشتباه نمونه‌ای از نافرمانی مدنی بر می‌شمارد و پس از اشاره به تبصره قانون مجازات اسلامی که درباره بی‌حجابی و نه بدحجابی است، می‌نویسد: *"مجازات ناچیز بدحجابی از یک سو و گسترش آن از سوی دیگر باعث شد تا نظام، این مساله را نادیده گرفته و با آن مدارا کند."*[۱]

درحالی‌که نادیده گرفتن و استیصال حکومت در برابر بدحجابی، نه از سر مجازات ناچیز برای بی‌حجابی، بلکه به‌دلیل پیچیده بودن برخورد با «بدفرمانی

۱- مانیفست دوم اکبر گنجی، اردیبهشت ۸۴

مدنی» است. اگر چه که در سالهای اخیر، برخورد تند و خشن با این نوع بدفرمانی مدنی نیز شدت گرفته است.

۲ مساله مواجهه با گزینش

یکی از مواردی که در سه دهه اخیر در ایران به عنوان قانونی ناعادلانه از آن بسیار سخن گفته شده، قانون گزینش است که برای استخدام در بسیاری ادارات و نهادهای دولتی و نیمه دولتی یا پذیرش در دانشگاهها و موسسات آموزشی بعنوان پیش‌شرط بوده است. اگر چه بسیاری از حقوق‌دانان ذات قانون گزینش را مخالف با روح قانون اساسی دانسته و آنرا در تضاد با اصل بیست وسوم آن مبنی بر ممنوعیت تفتیش عقاید می‌دانند، اما درعمل قانون گزینش به شکل ارزیابی اعتقادی افراد در بسیاری موارد، بخصوص دهه شصت و بار دیگر در سالهای اخیر، انجام پذیرفته است و بسیاری ازمردم که مخالف این قاعده هستند، مجبور به مواجهه با آن شده اند.

در برابر مساله گزینش که در آن باورها، اعتقادات و رفتارهای بعضا فردی مورد کنکاش و پرسش قرار می‌گیرد و هدف آن کشف واقعیات درونی اشخاص است، اگر افراد بخواهند صادقانه پاسخگو باشند، ممکن است در بسیاری موارد، در گزینش رد شوند و بهدلیل عدم همخوانی باورها و عقاید شخص با آنچه گزینش‌کننده درست و مقبول می‌داند، فرصت شغلی یا تحصیلی خود را از دست بدهد و در سرنوشت و وضعیت آینده فرد، تاثیر بسزا و مهمی بگذارد.

در چنین شرایطی، اگر کسانی‌که این قانون را ناعادلانه می‌دانند بخواهند در برابر آن مقاومت و اعتراض نمایند و علنی از آن سرپیچی کنند و به شکلی در برابر آن روش نافرمانی مدنی را در پیش بگیرند، باید در گزینشها شرکت نکرده و یا در صورت شرکت واقعیت اعتقادی خود را بگویند و درنتیجه پیشاپیش بخت خود را برای آن فرصت کاری و تحصیلی از دست رفته بدانند و علاوه بر آن، دیگر هزینه‌های مخالفت علنی با این مساله را هم بپردازند. مثال بارز این نوع رفتار اعتراضی برخوردی است که بسیاری از بهاییها در ایران در مواجهه با گزینش انجام می‌دهند و بهایی بودن خود را در فرمهای گزینش درج

می‌کنند و حکومت هم آنها را در اکثر موارد از حق تحصیل یا استخدام در نهادهای دولتی محروم کرده است.

بدیهی است اگر عده زیادی از مردم که قانون گزینش را ناعادلانه و مصداق تفتیش عقاید می‌دانند، با یک اراده جمعی به مخالفت با آن برخیزند و به آن تن ندهند و آن نهاد و سازمان دولتی را با مشکل کمبود متخصصین و کارشناسان داوطلب استخدام مواجه کنند، می‌توان انتظار داشت که آن سازمان دولتی در لغو قانون گزینش عقب‌نشینی کند. اما همان‌طور که پیش‌تر ذکر شد، این نوع نافرمانی مدنی نیازمند شرایط و ویژگی‌هایی است که تحقق آن در جامعه ایران ناممکن بوده است. از این‌رو آنچه در جامعه ایران در برخورد با مساله گزینش مشاهده شده، بیشتر نوعی بدفرمانی است؛ بدین معنا که اغلب افراد ترجیح می‌دهند با تظاهر به آنچه گزینش‌کنندگان آنرا می‌پسندند و با پنهان نمودن باورها و اعتقادات خود، پاسخ‌هایی که منجر به قبولی در گزینش می‌شود را بگویند.

این نوع رفتار، در بسیاری موارد کار گزینش را برای سازمان‌ها سخت‌تر و حتی بیهوده می‌کند، زیرا آنچه که ذات قانون گزینش به‌دنبال آن است، با دریافت پاسخ‌های ناصحیح یا گمراه‌کننده، حاصل نخواهد شد و این رویه توسط این نوع رفتار که نمونه‌ای از بدفرمانی مدنی است، تا حد زیادی استحاله و بی-اثر گردید.

خصوصیات بدفرمانی مدنی را درباره مساله گزینش می‌توان مشاهده کرد. پیش از هر چیز همان‌طور که قبلا گفته شد، مشخص است که این نوع رفتار در رویارویی با قانونی است که از نظر بسیاری افراد، ناعادلانه است. دیگر آنکه مشاهده خصوصیاتی مثل به حداقل رساندن هزینه (عدم رد صلاحیت در گزینش و از دست‌دادن امکان اشتغال یا تحصیل)، تظاهر و عدم‌صداقت (گفتن یا تظاهر بر خلاف باورها و رفتارهای شخصی)، منفعت‌طلبی و فردگرایی (تن ندادن به اعتراض جمعی و مقاومت‌نکردن در برابر قانون ناعادلانه)، عمدی و غیرعلنی بودن نقض قانون (زیرا واقعیتی که قانون به دنبال کشف آن است، آشکار نمی‌گردد) و مسالمت‌آمیز بودن (و در این مورد حتی منفعلانه بودن این

رفتار) همگی از ویژگیهای «بدفرمانی» محسوب می‌شوند و از این‌رو آن‌را به عنوان نمونه‌ای از بدفرمانی مدنی در جامعه ایران ذکر کردیم.

۳ استفاده از ماهواره

قانون ممنوعیت استفاده از ماهواره و تجهیزات دریافت برنامه‌های ماهواره‌ای، همواره در سالهای اخیر یکی از موارد مناقشه‌انگیز بین حکومت و مردم بوده است. بسیاری از افراد که این قانون را ناعادلانه و مغایر با حق آگاهی از اطلاعات و دسترسی به برنامه‌های ماهواره‌ای دلخواهشان می‌دانند، بی‌توجه به قوانینی که در جمهوری اسلامی در این‌باره وضع شده، اقدام به نصب تجهیزات دریافت برنامه‌های ماهواره‌ای کرده‌اند. البته با توجه به اینکه استفاده از ماهواره در حوزه خصوصی افراد صورت می‌پذیرد و به راحتی علنی نمی‌شود، برخورد با آن نیز توسط حکومت مانند دیگر موارد نقض قانون (مثل مساله حجاب یا گزینش) نمی‌تواند بصورت آنی و درجا باشد، بلکه معمولا قانون‌گذاران با پی‌بردن به زیادشدن تعداد استفاده‌کنندگان از ماهواره، به صورت طرح‌های ضربتی اقدام به جمع‌آوری و برخورد با مصرف‌کنندگان آن می‌کنند.

استفاده از ماهواره در ایران به هر دو شکل نافرمانی مدنی و بدفرمانی مدنی انجام می‌شود. در شرایطی که حکومت اعلام رسمی و علنی برای برخورد با استفاده‌کنندگان ماهواره می‌کند، مردم اغلب دو گونه رفتار از خود نشان می‌دهند. در حالت اول به طور موقت تجهیزات ماهواره‌ای را جمع‌آوری کرده یا آن‌را به نحوی مخفی می‌کنند که هزینه تصرف تجهیزات توسط حکومت و جریمه قانونی آن‌را متحمل نشوند تا شاید پس از زمانی که فشارها کمتر شد و آب‌ها از آسیاب افتاد، دوباره به نصب و استفاده آن اقدام کنند. این رفتار که در آن تظاهر به رعایت قانون وجود دارد و سعی می‌شود تا هزینه‌ای داده نشود و به شکلی غیرعلنی و در باطن - و نه آشکارا - قانون نقض گردد، یکی از مصداق‌های بدفرمانی مدنی است.

اما نوع دیگر مواجهه با این مساله، می‌تواند به شکل بی‌توجهی و نادیده‌گرفتن تهدیدها و هزینه‌های برخورد ماموران با استفاده‌کنندگان از

ماهواره باشد. در این حالت اشخاص به استفاده خود از تجهیزات ماهواره‌ای ادامه می‌دهند و حاضر به پرداخت هزینه نقض قانون نیز هستند. این نوع مواجهه علنی، آگاهانه و با قبول هزینه نافرمانی است و در صورت مراجعه ماموران برای جمع آوری تجهیزات ماهواره، مقاومت و درگیری از طرف قانون‌شکنان صورت نمی‌گیرد و معمولا دوباره به خرید تجهیزات جدید اقدام می‌کنند. این نوع رفتار نمونه‌ای آشکار از نافرمانی مدنی است.

البته در شرایط سخت اقتصادی می‌توان انتظار داشت که بسیاری از مردمی که قانون عدم استفاده از ماهواره را نقض می‌کنند و تجهیزات مرتبط با آن را تهیه می‌کنند، در هنگام برخوردهای مقطعی، آگاهانه بدفرمانی مدنی کرده تا مجبور به پرداخت هزینه‌های اضافی در وضعیت طاقت‌فرسای اقتصادی نشوند، اگرچه بسیاری هم که از توان اقتصادی خوبی برخوردارند، به دلیل برخی از خلقیات ایرانی که آنها را برشمردیم، باز هم بدفرمانی مدنی را به نافرمانی مدنی ترجیح می‌دهند!

۴ کاندیداتوری در انتخابات

پس از انقلاب و بویژه در سالهای اخیر در فرم ثبت نام کاندیداتوری انتخابات ریاست‌جمهوری یا نمایندگی مجلس، مطالبی وجود دارد که فرد داوطلب باید درباره آنها نظرات و عقاید خود را بیان کند. به طور مثال «اعتقاد و التزام عملی به اصل ولایت مطلقه فقیه» در این فرم‌ها یکی از نمونه‌های آن است. از نظر بسیاری از حقوقدانان و فعالان سیاسی، این موارد مصداق تفتیش عقاید و برخلاف اصول قانون اساسی و حقوق بشر است. از این‌رو کسانی که این نحوه پرسش و ارزیابی را ناعادلانه و نادرست می‌دانند، به شیوه های مختلفی با آن برخورد می‌کنند.

برخی از فعالین سیاسی با بی‌مورد دانستن این سوالات، در هنگام پر کردن فرم ثبت نام، این موارد را خط زده و تنها به ذکر داشتن «التزام به قانون اساسی» بسنده می‌کنند و در واقع قاعده‌ای را که ناعادلانه می‌دانند، آشکارا نقض می‌کنند. اما بعضی دیگر از کاندیداها، اگر چه این سوالات را ناعادلانه و

خلاف قانون اساسی می‌دانند و به اصول تصریح شده باور ندارند، اما برای آنکه رد صلاحیت نشوند و هزینه اعتراض عملی و علنی به این قاعده را نپردازند، در فرم‌های ثبت‌نام اعلام می‌کنند که این اصول را قبول دارند تا با ظاهری معتقد و باطنی بی‌اعتقاد به آن اصول، بتوانند جواز ورود به رقابت‌های انتخابات را از مراجع رسیدگی به صلاحیت‌ها کسب کنند.

در این مورد دسته اول، نافرمانی مدنی و دسته دوم، بدفرمانی مدنی می‌کنند. بسیاری از کاندیداهای بدفرمان، بدین‌گونه عمل خویش را توجیه می‌کنند که ارزش دارد تا با گفتن یک دروغ مصلحت آمیز، فرصتی را بدست آورد که بتوان از آن برای اصلاح قوانین و تصمیمات ناعادلانه کمک گرفت، اگرچه منتقدان این روش معتقدند که با این نوع بدفرمانی این افراد به تحکیم قواعد نادرست یاری می‌رسانند.

این مثال بدین منظور ذکر گردید تا مشخص شود که روش بدفرمانی مدنی تنها توسط شهروندان عادی معترض استفاده نمی‌شود، بلکه توسط فعالان سیاسی و اجتماعی ایران نیز بکار گرفته می‌شود.

مثال‌هایی از «بدفرمانی مجرمانه» ایرانیان

گفتیم که نافرمانی از یک قانون درست و عادلانه را «نافرمانی مجرمانه» می‌نامند زیرا که این نوع نقض قانون از روی خودخواهی و در راستای تجاوز به حقوق دیگران صورت می‌پذیرد و از این رو مجرمانه است. به همین ترتیب هنگامی که شخص در برابر قانونی خوب و عادلانه که موجب خیر همگانی است و قانون‌گذاران به درستی آنرا برای آسایش و نظم همگانی وضع کرده‌اند، به بدفرمانی یعنی بد اجرا کردن آن قانون اقدام کند، این عمل را «بدفرمانی مجرمانه» می‌نامیم. در بدفرمانی مجرمانه، شخص قانون خوب و عادلانه را به طور مستقیم نقض نمی‌کند، ولی به صورتی که در وصف بدفرمانی توضیح داده شد، به اجرای ناقص و نادرست آن قانون دست می‌زند.

همان‌گونه که درباره نافرمانی مجرمانه مثال نقض قوانین راهنمایی و رانندگی ذکر شد، می‌توان مثالهای مشابه و قابل مقایسه را درباره بدفرمانی مجرمانه برشمرد.

به طور مثال کسی که از چراغ قرمز عبور می‌کند، به طور علنی نافرمانی مجرمانه انجام می‌دهد و البته در صورتی که بدست مامور قانون بیفتد، جریمه‌اش را نیز باید تحمل کند. اما از سوی دیگر به دفعات مشاهده کرده‌ایم که شهروندانی هستند که وقتی به چراغ قرمز می‌رسند، از چراغ قرمز عبور نمی‌کنند ولی خودروی خود را بر روی خطوط عابر پیاده یا حتی جلوتر از آن متوقف می‌کنند و در همین حال نیز خودروی خود را تا وسط چهار راه نرم نرمک می‌کشانند و البته با چشم‌غره پلیس، تا حدی با دنده عقب خود را پس می‌کشند و دوباره به آهستگی شروع به جلو رفتن می‌کنند! این نوع عدم رعایت درست قانون، در عین حال که ظاهرا توقف در پشت چراغ قرمز رعایت شده است را با عبارتی جز بدفرمانی مجرمانه نمی‌توان توصیف کرد.

شاید یکی دیگر از نمونه‌های بسیار واضح بدفرمانی مجرمانه در مورد قوانین راهنمایی و رانندگی، نوع بستن کمربند ایمنی در ایران باشد. درحالی‌که اگر فردی کمربند ایمنی خود را نبندد، نافرمانی مجرمانه مرتکب شده، اما در ایران رانندگانی هستند که در ظاهر نشان میدهند که کمربند ایمنی خود را بسته‌اند و پلیس با نگاه اول تصور می‌کند که فرد قانون را رعایت کرده، اما در داخل خودرو، شخص تنها کمربند را در جلوی خود نگه داشته و سر دیگر کمربند که باید در محل مخصوص قفل شده باشد تا عملکرد حفاظتی خود را در هنگام خطر داشته باشد، در دست راننده یا بر روی پای راننده قرار دارد! تشخیص و تعقیب این نوع عمل بدفرمانی مجرمانه برای مامور قانون بسیار دشوار است اگر چه که نهایتا این سرپیچی به زیان خود راننده قانون‌شکن خواهد بود.

در خاتمه این بخش امیدوارم که مثالهای فوق نشان داده باشد که چه تفاوتهای ظریف اما مهمی در رفتارهای اعتراضی بدفرمانی و نافرمانی وجود دارد و چرا نیاز شد که به تعریف و توضیح مفهوم جدید بدفرمانی بپردازیم. شاید

آگاهی از این تفاوتها ما را در شناخت بهتر خودمان و تحلیل درست‌تر از رفتارهای سیاسی، اجتماعی و فرهنگی مردمانمان برای حرکت به سمت آینده‌ای بهتر یاری دهد.

تاثیر نحوه‌ی برخورد حکومت در انتخاب روش اعتراضی

پس از تمامی این مباحث، یکی از پرسش های اساسی که ممکن است در ذهن خواننده شکل بگیرد، این است که چه عواملی موجب بکارگیری بدفرمانی مدنی توسط مردم می‌شود و چرا مردمانی که دارای خلقیاتی مشخص هستند، در برخی موارد به بدفرمانی مدنی اقدام می‌کنند و در موارد دیگری، به نافرمانی مدنی روی می‌آورند؟ این مساله، تا حدی نشان می‌دهد که اگرچه خلقیات تاریخی یک ملت می‌تواند در انتخاب نحوه اعتراض آنها موثر باشد، ولی حتما دلایل دیگری نیز وجود دارد که باعث انتخاب روش خاص اعتراض می‌گردد. در بین علل مختلفی که می‌توان با بررسی دقیق‌تر و عمیق‌تر یافت، در این جا به یکی از آشکارترین آنها که تاثیر نحوه برخورد حکومت با معترضان است، اشاره می‌کنیم.

همان‌طور که در بخشهای قبل درباره‌ی بررسی خصوصیات نافرمانی مدنی ذکر شد، یکی از ویژگیهای نافرمانی مدنی، قبول تحمل هزینه و مجازات سرپیچی از قانون توسط شخص نافرمان است. نکته بسیار مهم در این‌باره پایبندی سیستم حاکم به اِعمال مجازات تعیین شده برای نقض آن قانون است. بدین معنی که حکومت، برخوردی غیر قابل پیش‌بینی و نامتناسب با نوع اعتراض انجام ندهد یا مجازات و هزینه‌ای بیش‌تر از آنچه قانون تعیین کرده برای معترضان و مخالفان درنظر نگیرد که در این‌صورت، این مساله می‌تواند در نحوه اعتراض و مقاومت معترضان تاثیر بگذارد. تنبیه فراقانونی معترضان، می‌تواند منجر به تغییر روش مبارزاتی آنها و در برخی موارد حتی به خشونت کشیده شدن اعتراضات گردد.

شاید به همین دلیل است که در تعاریف نافرمانی مدنی که توسط نظریه-پردازان غربی مانند جان رالز، هانا آرنت و هابرماس ارائه شده، یکی از

ویژگی‌های مهم شرایط انجام نافرمانی مدنی، وجود حکومتی دموکراتیک و نسبتا عادلانه است که در آن نحوه برخورد حکومت در رویارویی با اعتراض مدنی شهروندان و مجازات احتمالی قابل پیش‌بینی است. حکومتی که حتی به قوانین و قواعد وضع کرده خودش وفادار نباشد و مجازاتی بیش از آنچه قانون برای یک قانون‌شکنی در نظر گرفته را اِعمال کند، باعث می‌شود تا مردم معترض، سعی در پنهان نمودن اعتراضات کنند و در نتیجه هزینه‌های غیر قابل‌پیش‌بینی اعتراضشان را کاهش دهند. همین نوع برخورد رژیم آپارتاید در آفریقای جنوبی باعث شد تا استراتژی مبارزاتی ماندلا از نافرمانی مدنی خشونت‌پرهیز، به خرابکاری خشونت‌آمیز تغییر یابد.

از این‌رو می‌توان تا حدی فهمید که چرا در حکومتهایی که هزینه نافرمانی مدنی غیرقابل پیش‌بینی است، بدفرمانی به جای اعتراضات علنی بکار گرفته می‌شود. همچنین می‌توان فهمید چرا در این حکومتها مردم به ناگاه دست به شورش و انقلاب می‌زنند و اعتراضات مخفیانه را در فرصت خاصی که دست می‌دهد، به شکلی خشونت‌بار نمایان می‌کنند.

توجیه‌پذیری (روا بودن) بدفرمانی مدنی

برای پایان دادن به بحث بدفرمانی مدنی، باید به این سوال مهم نیز پرداخت که آیا بدفرمانی مدنی می‌تواند توجیه‌پذیر باشد؟ یعنی آیا می‌توان عمل بدفرمانی مدنی را در شرایطی، درست و اخلاقی دانست؟

از آنچه تاکنون گفته شد، می‌توان این نتیجه را گرفت که بدفرمانی مدنی در رتبه و مقبولیتی پایین‌تر از نافرمانی مدنی قرار می‌گیرد و به‌خاطر ویژگیهای محافظه‌کارانه، غیرعلنی و ظاهرسازانه آن، شاید این رفتار اعتراضی تا حدی غیر قابل‌توجیه و حتی سرزنش‌آمیز به‌نظر رسد. از این‌رو شاید در نگاه نخست، روا بودن و توجیه‌پذیری این رفتار، به هیچ عنوان قابل‌قبول نباشد، اما از سوی دیگر اگر شرایط و محدودیتهای خاص و موقعیت و زمان بکارگیری بدفرمانی مدنی را در هر مورد مشخص در نظر بگیریم، بی‌تردید قضاوت مطلق در این‌باره کار آسانی نخواهد بود.

به طور نمونه می‌توان تظاهراتی را فرض کرد که در مخالفت با یک قانون یا سیاست ناعادلانه برگزار شده است و سربازانی از طرف سیستم حاکم برای سرکوب شهروندان معترض به آنجا اعزام شده‌اند. حال می‌توان تصور کرد وضعیت سربازی را که دستور مضروب نمودن معترضان مسالمت جو به او داده شده است و او به خاطر قساوت مقام مافوق خود، نمی‌تواند به‌طور علنی از وظیفه خود سرپیچی کند اما به جای آن تصمیم می‌گیرد که بدفرمانی کند؛ یعنی اگر چه در حمله به سمت معترضان، نشان می‌دهد که در حال مضروب نمودن آنهاست، ولی ضربه باتوم خود را بر بدن معترضان فرود نیاورد و تنها در ظاهر نشان دهد که در حال اطاعت‌کردن از مافوق خویش است و در باطن و عملا، از اجرای درست دستور سرکوب سرپیچی کند. آیا می‌توان در چنین شرایطی، عمل بدفرمانی مدنی وی را غیراخلاقی و توجیه‌ناپذیر خواند؟ شاید بتوان به‌طور انتزاعی انتقاد نمود که آن سرباز، بهتر بود از دستور مافوق خود به طور علنی سرپیچی می‌کرد و هزینه آن‌را هم می‌پذیرفت، اما در واقعیت و با در نظر گرفتن محضورات، مشکلات و ظرفیت‌های هر فرد، نمی‌توان ساده‌انگارانه چنین انتظاری داشت و از این‌رو استفاده از روش بدفرمانی توسط سرباز را، باید نشانه پایبندی او به اخلاق انسانی و متعهد بودن هوشمندانه او و ابزار سرکوب نکردن خویش دانست.

می‌توان مثال‌های متعدد دیگری از این قبیل ذکر نمود که در آن افراد در شرایطی که امکان نافرمانی مدنی یا دیگر انواع اعتراض را ندارند، با هوشمندی و احساس تعهدِ اخلاقی، اقدام به بدفرمانی مدنی می‌کنند که دراین‌صورت، می‌توان این عمل را توجیه‌پذیر و روا دانست.

به طور خلاصه می‌توان اینگونه نتیجه‌گیری کرد که بدفرمانی مدنی، به‌عنوان شکلی از اعتراض، درصورتیکه با هدف شرافتمندانه و با قصد عدم‌اطاعت مطلق دربرابر امر نادرست و ناعادلانه، در شرایطی که امکان ابراز مخالفت علنی به‌دلیل بالا بودن یا نامعلوم بودن هزینه نافرمانی مدنی وجود ندارد، می‌تواند به عنوان شکل مشروعی از اعتراض بکار گرفته شود. اما بی‌شک

آنچه دشوار خواهد بود، قضاوت درباره وجود چنین شروطی برای روادانستن بدفرمانی مدنی در موقعیت‌های مختلف است.

بدیهی است که هر کس در وجدان خود آگاه است که آیا هدفش از بدفرمانی مدنی، منطبق بر انگیزه شرافتمندانه و به‌عنوان آخرین اقدام در شرایط سخت و از سر ناچاری بوده یا اینکه از روی محافظه‌کاری، منفعت‌طلبی و عدم داشتن روحیه مقاومت اقدام به بدفرمانی کرده است.

جمع بندی

در پایان این نوشتار که تنها آغازی برای بررسی و شناخت بیشتر درباره مباحث مطرح شده است، به رسم و آیین پژوهش، جمع‌بندی مختصری خواهیم نمود و تفصیل این امر را به استادان و اندیشمندان علوم اجتماعی و کنشگران عرصه‌های مدنی و سیاسی واگذار می‌کنیم.

از آنچه گفته شد می‌توان نتیجه گرفت که قانون در روزگار مدرن و در دنیایی که انسان را محق به حقوق بشر می‌داند، تنها نمی‌تواند بر مبنای اراده و خواست حکمرانان و دولتها و بدون در نظر گرفتن اراده و رضایت جمعی، دارای مشروعیت کافی باشد و از این‌رو حتی در فلسفه‌ی قانون نوین، بحث گنجاندن حق نافرمانی مدنی در قانون نیز مطرح شده است. قانون تنها به ذات اعتباری که از طی کردن روالهای رسمی در یک ساختار سیاسی کسب می‌کند، نمی‌تواند الزاما عادلانه یا مقبول باشد. البته روشن است که هر چه ساختار حاکمیت از مشروعیت بیشتری برخوردار بوده و رضایت عمومی بالاتری را در حمایت خویش داشته باشد، قوانین وضع شده توسط آن نیز دارای مقبولیت و مشروعیت بیشتری خواهند بود و از همین روست که در سیستمهای حکومتی بر مبنای دموکراسی، به عنوان مشروع‌ترین روش موجود حکومت‌گری، قوانین از اعتبار و احترام عمومی‌تری برخوردار هستند و همچنین غالبا قوانین، قواعد و تصمیمات اتخاذ شده در چنین ساختاری، عادلانه‌تر، منصفانه‌تر و همگانی‌پذیرتر هستند زیرا که توسط اراده اکثریت مردم مورد تصویب و پذیرش واقع شده‌اند. در چنین ساختاری، نارضایتی و نافرمانی در برابر برخی قوانین یا تصمیمات، استثنایی در برابر قاعده پیروی از قانون خواهد بود و اعتراض به یک قانون خاص، معمولا توسط بخشی از مردم صورت می‌گیرد که آنرا ناعادلانه و نادرست می‌دانند و به مفهوم اعتراض به کلیت ساختار دموکراتیک و قانونیِ موجود نخواهد بود. اما از سوی دیگر، در ساختار سیاسی غیر دموکراتیک که نظر اکثریت مردم در وضع قوانین و رویه‌ها نادیده گرفته می‌شود و اراده اقلیتی از افراد به عنوان حکومتگران اقتدارگرا، به تعیین و تصویب قوانین و سیاست‌ها

منجر می‌گردد، نارضایتی و اعتراض در برابر قوانین و تصمیمات، معمولا در اکثریت افراد جامعه مشاهده می‌شود و به همین دلیل، گاه ساختار سیاسی و قانونی موجود به چالش کشیده می‌شود و نه یک قانون یا سیاست خاص. در اینجا برخلاف ساختار دموکراتیک، اکثریت معترض هستند و نه اقلیت؛ همانگونه که در مورد مثال گاندی و مردمان هند مشاهده گردید.

اما از بحث قانون و مسائل پیرامون آن که بگذریم، نظرات جمع‌آوری شده در این نوشتار درباره‌ی نافرمانی مدنی نشان داد که دیدگاه‌ها درباره این روش اعتراضی تا چه حد متنوع و مختلف می‌باشد. اما در عین حال نافرمانی مدنی، خصوصیات کانونی و تئوری منسجمی را داراست که بعنوان یکی از معروف‌ترین روش‌های اعتراض مدنی می‌تواند نتیجه‌بخش بوده و باعث ایجاد تحولات و تغییرات جدی و حتی بنیادین گردد. این روش از آنرو که مبنایی شرافتمندانه دارد و بر اساس خیر جمعی صورت می‌گیرد و با استفاده از روش‌های مسالمت‌آمیز انجام می‌پذیرد، از مشروعیت و مقبولیتی بالا در میان فیلسوفان حقوق و سیاست و همچنین کنشگران سیاسی- مدنی برخوردار است. حتی حکومت‌های دموکراتیک در بسیاری از نقاط دنیا در رویارویی با این روش اعتراض مدنی، با بردباری و ملایمت برخورد می‌کنند. حکومت‌های مردم‌سالار، این نوع اعتراض دربرابر قوانین ناعادلانه و نادرست را بعنوان سنجه‌ای از التهابات درون اجتماع دربرابر تصمیمات و قواعد وضع‌شده تلقی می‌کنند و با اجازه طرح نظرات مخالف در عرصه عمومی، از بروز شکاف میان دولت و ملت جلوگیری بعمل می‌آورند.

اما آنچه بعنوان بحثی جدید و طرح یک نظریه درباره نوعی اعتراض متفاوت با عنوان بدفرمانی مطرح و بررسی گردید، بی‌گمان می‌تواند پرسش‌ها و انتقاداتی را برانگیزد که البته با توجه به نو بودن مساله و توان محدود نویسنده در بسط و شرح آن، دور از انتظار نیست و امیدوارم که با نقد و نظر دیگران، به شناخت بهتری از این نوع رفتار، پیامدها، مزایا، معایب و جنبه های مختلف آن دست یابیم.

از آنچه درباره بدفرمانی مدنی گفته شد، می‌توان به نکات مهمی دست یافت. با برشمردن مشخصات کلی نافرمانی مدنی و بدفرمانی مدنی به‌سادگی می‌توان نتیجه‌گیری کرد که نافرمانی مدنی به‌لحاظ نظری و عملی از رتبه‌ای والاتر، مقبول‌تر و مشروع‌تر از بدفرمانی مدنی برخوردار است. نافرمانی مدنی، یک روش اعتراض مدنی است که برساخته نظریه‌های عدم خشونت و مبارزات مدنی بوده و به همین دلیل نیز دارای تئوری مدونی است. اما بدفرمانی مدنی یک پدیده‌ی اعتراضی است که در شرایط خاص و بنا به ضرورت‌های مشخصی (مانند ترس از هزینه‌های غیر قابل پیش‌بینی) روی می‌دهد و آن‌را به‌سادگی نمی‌توان تئوریزه نمود. شاید بتوان این عمل را تنها بعنوان شکل اعتراضی ممکن و نه مطلوب قلمداد نمود.

از طرف دیگر، نافرمانی مدنی نتیجه‌گراست و با قصد تغییر در قانون یا سیاست مشخصی انجام می‌شود و باصطلاح دارای بنیان «اعتراض بمنظور تغییر» است، درحالیکه بدفرمانی مدنی بیشتر ناشی از ناچاری است و با هدف کاستن اثر نامطلوب یک قانون یا سیاست خاص صورت می‌گیرد و بعبارت دیگر با قصد «اعتراض بمنظور تعدیل» انجام می‌گیرد.

همچنین نمی‌توان انکار کرد که نافرمانی مدنی به نوعی بیانگر **وجود** یک فرهنگ اصولی اعتراض است که هم برای مردم در رسیدن به مطالباتشان و هم برای حکومت‌گران در فهم و مهار نارضایتی‌ها مفید خواهد بود اما بدفرمانی مدنی نشان از **نبود** فرهنگ اعتراض دارد که باعث می‌شود تا افراد اجتماع اعتراض خود را به شکل «بد اجرا کردن» قوانین و دستورات ابراز کنند و نارضایتی‌های خود را از چشم حکومت‌گران پنهان نگاه دارند. این شیوه معمولا نه می‌تواند منجر به تغییر مطلوبی برای مردم شود و نه آنکه کمکی به حاکمان برای فهم نارضایتی واقعی مردم می‌کند.

به‌هرحال به نظر می‌رسد اگر چه بدفرمانی مدنی عامدانه انجام می‌شود، ولی بیشتر شباهت به رفتار و عکس‌العملی غریزی دارد که در برابر امر ناعادلانه و نادرست صورت می‌گیرد و مانند نافرمانی مدنی منطبق با رفتاری آگاهانه با قبول جوانب آن در مخالفت با قوانین و قواعد ظالمانه نیست. اما با این حال

بروز بدفرمانی مدنی، ممکن است نشان از سلامت غرایز جامعه داشته باشد. اینکه در برابر یک کنش، واکنشی صورت می‌گیرد تاحدی از وجود استعداد مقاومت در سیستم ادراکی مردم خبر می‌دهد، اگر چه که این نوع واکنش موجب رفع ظلم وارده به این سیستم نباشد و تنها به مقاومتی غریزی و شاید زمان‌بر بیانجامد.

اما آنچه درباره روحیات ما ایرانیان در گرایش به بدفرمانی گفته شد، نباید تنها از منظری روانشناسانه مورد توجه قرار گیرد بلکه همانگونه که ذکر گردید، این مساله باید با نگاهی جامعه‌شناسانه هم مورد ارزیابی واقع شود و نباید علل مختلفی را که باعث برجستگی برخی روحیات ایرانیان در برهه‌های زمانی خاصی شده را نادیده گرفت. بی‌گمان همانگونه که بسیاری از جامعه‌شناسان تاکید کرده‌اند، ساختار استبدادی و وجود حکومتهای خودکامه را می‌توان عامل اصلی شکل‌گیری بسیاری از خصایل ناپسند مردم از جمله ترس، عدم صداقت، ریاکاری، تملق، خودمداری، منفعت‌طلبی و عدم‌مقاومت در مواجهه با امر نادرست در سراسر جهان و تاریخ دانست.

سخن آخر اینکه اگر چه بدفرمانی مدنی می‌تواند با انگیزه‌ای شرافتمندانه و با هدف عدم تمکین مطلق دربرابر قاعده یا دستور نادرست انجام شود، اما در نهایت باید نگران بود که بکارگیری مستمر این نوع رفتار اعتراضی به شکلی فردی، محافظه‌کارانه و منفعت‌طلبانه، اگر چه شکلی از مقاومت در شرایط خاص پرفشار است، اما می‌تواند بصورت واکنشی معیوب و بی‌نتیجه در سیستم ذهنی و عملی مردمان یک جامعه نهادینه گردد و آنها را از روشهای مقاومت معقول، صادقانه و نتیجه‌بخش دور سازد و حتی آنها را بدلیل ناکام یافتن روش اعتراض مدنی خویش، به سمت خشونت یا نگاه به امدادهای غیبی سوق دهد که بی‌شک دود آن بر چشم همگان از ملت و حکومت تا وطن و آیندگان خواهد رفت.

لیست منابع و مراجع:

۱- *آموزش دانش سیاسی*، حسین بشیریه، تهران، موسسه نگاه معاصر، چاپ دوم ۱۳۸۱.

۲- *جامعه شناسی خودمانی*، حسن نراقی، تهران، نشر اختران، چاپ دوازدهم ۱۳۸۴.

۳- *جستاری دربارهٔ نافرمانی مدنی*، بهرام محیی، سایت ایران‌امروز.

۴- *حق و مصلحت*، محمد راسخ، تهران، انتشارات طرح نو، ۱۳۸۱.

۵- *خلقیات ما ایرانیان*، محمد علی جمال‌زاده، تهران، انتشارات مجله مسائل ایران، ۱۳۴۵.

۶- *در پیرامون خودمداری ایرانیان*، حسن قاضی مرادی، تهران، نشر اختران، چاپ چهارم ۱۳۸۵.

۷- *در هوای حق و عدالت*، محمد علی موحد، تهران، نشر کارنامه، ۱۳۸۱.

۸- *زندگی تولستوی*، رومن رولان، علی اصغر خبره‌زاده.

۹- *سازگاری ایرانی*، مهدی بازرگان، کتاب جیبی، ۱۳۵۷.

۱۰- *فریادآزادی*، جان برایلی، رضاعقیلی / هرمز همایون پور، تهران، انتشارات علمی و فرهنگی، ۱۳۸۱.

۱۱- *فلسفه حقوق*، جلد دوم، ناصر کاتوزیان، تهران، شرکت سهامی انتشار، ۱۳۷۷.

۱۲- *فلسفه هانا آرنت*، پاتریشیا آلتنبرند جانسون، خشایار دیهیمی، تهران، انتشارات طرح نو، ۱۳۸۵.

۱۳- *قانون، قانون گذاری و آزادی*، فریدریش فون هایک، موسی غنی نژاد / مهشید معیری، تهران، انتشارات طرح نو، ۱۳۸۰.

۱۴- *گاندی و ریشه‌های فلسفی عدم‌خشونت*، رامین جهانبگلو، ترجمه هادی اسماعیل زاده، تهران، نشر نی، ۱۳۷۹.

۱۵- *مارتین لوترکینگ*، هوبرت ژربو، فریدون حاجتی، تهران، شرکت توسعه کتابخانه های ایران، ۱۳۷۴.

۱۶- *مجله فرهنگ توسعه*، شماره ۱۳۴، سخنرانی نلسون ماندلا در تظاهرات سوتو، خسرو باقری، ۱۳۸۶.

۱۷- *مهاتما گاندی و مارتین لوترکینگ: قدرت مبارزه عاری از خشونت*، مری کینگ، شهرام نقش تبریزی، تهران، نشر نی، ۱۳۸۵.

۱۸- *نافرمانی مدنی*، هنری دیوید ثورو، غلامعلی کشانی، نسخه دیجیتال، ۱۳۷۸.

۱۹- *نامه ای از زندان*، مارتین لوترکینگ، انجمن بدون مرز، سایت انجمن بدون مرز.

۲۰- *نلسون ماندلا درس زندگی برای آینده*، جک لانگ، فرح یراقچی، تهران، انتشارات کتاب پنجره، ۱۳۸۵.

۲۱- همه مردم برابرند، مهاتما گاندی، محمود تفضلی، تهران، انتشارات امیرکبیر، ۱۳۴۸.

1- Arendt, Hannah, *"Civil Disobedience"*, *Crises of the Republic*, New York: Harcourt Brace Jovanovich,1972.

2- Bedau, Hugo Adam, *Civil Disobedience in Focus*, London: Routledge, 1991.

3- Brownlee, Kimberley,*Civil Disobedience*, Stanford: Encyclopedia of Philosophy (web page), 2007.

4- Falcon Y Tella, Maria Jose, *Civil Disobedience*, Boston: Martinus Nijhoff Publisher, 2004.

5- Habermas, Jurgen, *Civil Disobedience: Litmus Test for the Democratic Constitutional State*, Berkley Journal of Sociology, Vol 30, 1985.

6- Mandela, Nelson, *Long Walk to Freedom*, London: Abacus, 1995.

7- Tolstoy, Leo, *On Civil Disobedience and Non-Violence*, London: Peter Owen Limited, 1968.

عمار ملکی متولد ۱۳۵۷ در شهر تهران است. او در ایران تا مقطع کارشناسی ارشد مهندسی مکانیک تحصیل کرد و سالها در صنایع خودروسازی به کار و تحقیق مشغول بود. وی در خانواده‌ای دانشگاهی و سیاسی رشد و نمو کرده و دغدغه های اجتماعی و مدنی، او را به تحصیل در علوم اجتماعی علاقمند ساخت. وی در سال ۱۳۸۷ جهت ادامه تحصیل به کشور هلند رفت و در آنجا در رشته سیاستگزاری عمومی کارشناسی ارشد خود را کسب کرد و سپس تحصیلات خود را در علوم سیاسی و مطالعات میان فرهنگی تا مقطع دکترا در دانشگاه تیلبرگ هلند ادامه داد. حوزه پژوهش او تاثیر تفاوتهای فرهنگی در پیدایش و انتخاب مدلهای مختلف دموکراسی است. همچنین وی علاقه‌مند به موضوع مبارزات مدنی بوده که کتاب حاضر حاصل پژوهش او در این زمینه است. از او نوشته‌ها و مقالات متعددی در رسانه‌های فارسی‌زبان و همچنین مقالات انگلیسی در ژورنالهای بین‌المللی به چاپ رسیده است.

Essays on Civil Protests

From
Civil Disobedience
To
Civil Misobedience

Ammar Maleki